O mago, o santo, a esfinge

●●--●

Fernando Pinheiro

O mago, o santo, a esfinge

todavia

Para Teresa

*The problems are solved not by giving new information,
but by arranging what we have always known.**

Ludwig Wittgenstein

* Os problemas não se resolvem adicionando novas informações, mas organizando aquilo que sempre soubemos.

Introdução 11

I. O mago

1. O rei do outro polo 27
2. No mercado 34
3. Dois livros 44
4. Mais livros 51
5. Escritor 59
6. Artesão competente 72
7. Hippie, acadêmico e hippie novamente 81

II. O santo

1. Literatura e memória 99
2. Evasão para o mundo 102
3. *Autobiografia* literária 119
4. Vida-obra 140

III. A esfinge

1. O enigma 149
2. "Intelectual? Não." 160
3. Bruxaria 189
4. *La chair est triste* e a hora do lixo 207
5. Dentro e fora 225

Considerações finais 231

Bibliografia 241

Introdução

No livro de memórias de Kurt Wolff, primeiro editor de Kafka, há o seguinte registro sobre a impressão que ficou da ocasião em que o conheceu, para tratar da possível publicação de seus escritos:

> Na despedida, naquele dia de junho de 1912, Kafka disse algo que jamais ouvi de algum autor, nem antes, nem depois dele, e que para mim permaneceu sempre associado a ele: "Agradeceria o senhor ainda mais pelo retorno do manuscrito do que pela publicação".[1]

Em 2014, uma matéria na edição eletrônica da revista francesa *Le Nouvel Observateur* reúne alguns depoimentos de editores sobre o fenômeno recente do "embelezamento" dos escritores e escritoras. Antoinette Rouverand, diretora de marketing da editora Hachette, posiciona-se a respeito disso:

> Evidentemente, uma bela mulher ou um bonitão são sempre melhores. Não digo que alguém feio vá atrapalhar as vendas, mas, inversamente, alguém belo vá talvez impulsioná-las. Penso por exemplo em Mcg Cabot, uma de nossas autoras de bit-lit (literatura água de rosa com vampiros). Ela é absolutamente encantadora e parece com sua personagem.

1 Kurt Wolff, *Memórias de um editor*. Belo Horizonte: Âyiné, 2018, pp. 101-2.

Quando está num evento, ela representa seu papel, ela usa a tiara de sua heroína e beija as pessoas, ela é muito fofa e isso atrai muita gente. As pessoas que passam na frente de seu estande param, tiram fotos com ela... Tudo isso faz parte do jogo da promoção.[2]

Essa matéria traz também um ponto de vista de autor sobre o mesmo jogo, transcrevendo o blog do escritor de romances policiais e fantásticos Olivier Gay:

Noite passada, tive direito a duas horas de flashes para achar uma foto para a quarta capa e para a brochura do prêmio literário. Noite passada tive que vestir um suéter de gola alta, porque, "você compreende, a gola alta parece sério, parece autor". Noite passada, colocaram uma coisa bizarra sob meus olhos para apagar as olheiras de uma vida dissoluta. Noite passada, tive que fazer poses estranhas "para afinar o rosto", e olhares suaves "para fisgar a clientela". Noite passada, tentei transformar meu livro em best-seller com o simples poder dos cabelos mal penteados.[3]

Esses episódios podem ser entendidos como as pontas de um arco de cem anos de transformações de muitos aspectos da vida e do mundo literários, cada uma como modelo puro de uma relação que à primeira vista se dá entre autor e editor, mas também, e este é o sentido que gostaria de reter, de uma presença a si do autor, espécie de relação muitas vezes ambígua e não raro dilacerada entre aquilo que escreveu e a representação que faz daquilo que escreveu (e portanto de si), e de

---

2 Baron Clémentine, "Pourquoi les écrivains sont-ils de plus en plus beaux?". *L'Obs*, 18 nov. 2016. Disponível em: <www.nouvelobs.com/rue89/rue89-rue89- -culture/20130226.RUE4521/pourquoi-les-ecrivains-sont-ils-de-plus-en-plus- -beaux.html>. Acesso em: 25 nov. 2021.   **3** Ibid.

como deseja ser reconhecido — e representação pode ser entendida aqui na sua tripla acepção: não só como encenação, mas igualmente como ideia/conceito e delegação. Para estabelecer como este trabalho localiza-se nesse arco, é preciso explorar uma pouco mais os significados dessas pontas, evitando que fiquem inteiramente soltas.

Na interação com seu editor, Kafka faz questão de pôr em segundo plano qualquer intercorrência literária que daí pudesse se dar, para afirmar sua relação primal com a literatura *em si* e *para si*, e no modo mais radical, em que aquilo que existe materialmente como manuscrito suplanta o que pode ou não existir materialmente como livro. A surpresa de Kurt Wolff, e talvez dos que leem seu relato décadas depois, advém de encontrar um escritor para quem a publicação não é o zênite; a literatura que continuará existindo mesmo que não haja livro é tudo que importa, porque é nela — e talvez só nela, como totalidade suficiente — que o sujeito que escreveu se reconhece. Os originais oferecidos à edição existem porque estão *dentro*, são parte (ou o todo) desse sujeito; o livro estaria sempre *fora*, o que torna necessário estabelecer uma relação entre um *eu* e um *algo*, nada garantindo então que o primeiro termo mantenha o controle sobre o segundo. Kafka responderia assim a um tipo puro de escritor que coincide com seu texto e apenas com ele, versão ainda mais exigente do *homme-plume* de Flaubert, na medida em que não vive para produzir o objeto livro, mas tão somente para escrever. No entanto, se prestarmos mais atenção no que diz Wolff e em sua reação, é possível relativizar a posição de Kafka. Afinal, tudo se passou numa tarde em que seu amigo Max Brod o convenceu, mesmo que a alegado contragosto, a visitar um editor e negociar a publicação de seus escritos. E não seria descabido imaginar que suas palavras ao se despedir tenham sido decisivas para convencer Wolff a publicar, seduzido pelos signos que captou da integridade do comprometimento do escritor com seu ofício. E, se assim for, teríamos que reconhecer que Kafka usou uma estratégia eficaz, mesmo que não tivesse consciência disso.

Reforça essa hipótese o fato de Wolff comentar a conhecida ambiguidade de Kafka em relação à publicação de seus escritos. No mesmo texto, ele transcreve a resposta do escritor a um interlocutor que lhe indagara sobre por que afinal se deixava publicar a despeito da inquietação que isso lhe trazia:

> Exatamente! Max Brod, Felix Weltsch, todos os meus amigos pegam as coisas que escrevo e depois, sem avisar, chegam com os contratos de edição já prontos. Não quero me indispor com eles, e os textos acabam sendo publicados, coisas que são puramente privadas e bagatelas. Provas pessoais da minha fraqueza humana que são publicadas e vendidas porque meus amigos, Max Brod principalmente, meteram na cabeça que isso é literatura, e eu não tenho forças suficientes para destruir esses meus atestados de solidão.
>
> Tudo isso que conto é apenas um exagero e uma maldade contra meus amigos. Na verdade, sou eu o corrompido e sem pudor que colaboro para a publicação dessas coisas. Para justificar a minha fraqueza faço o mundo à minha volta mais forte do que ele é na realidade.[4]

A assunção do aval dado às publicações turva a sinceridade do julgamento anterior dos escritos como "bagatelas" de caráter privado, pois traz implícita a possibilidade que os amigos tenham razão ao considerá-los literatura; mas, ainda assim, são eles que o dizem, e o reconhecimento por procuração faz-se

4 Kurt Wolff, op. cit., p. 103.

acompanhar de reprovação assumida no plano moral (corrupção, fraqueza). Wolff entende a postura de Kafka do seguinte modo:

> Jamais tive a mínima dúvida de que essa ambivalência entre o medo e o desejo de publicação tivesse fundamento na própria natureza de Kafka; essa repulsa não me parecia baseada apenas numa aversão à notoriedade literária, mas numa repulsa ao mundo externo como um todo.[5]

Seguindo de perto o editor, poderíamos acrescentar aqui a tensão imanente à ideia de notoriedade literária, voltando ao primeiro encontro entre autor e editor: Kafka encarnaria um tipo de relação com a escrita tal que a repulsa à literatura equivaleria a uma repulsa de si mesmo, e a notoriedade literária inquieta por já não pertencer à unidade entre o eu e a escritura que é sua mais plena manifestação, e o "mundo externo" representaria então o conjunto das ameaças a essa unidade.

Temos assim nessa ponta do arco o escritor colado ao que escreve, e com reservas a tudo que ultrapassa essa relação, o que inclui a indiferença à sua figura pública, que não chega sequer a constituir-se plenamente — Kafka representaria um tipo ideal no sentido de Weber se retivermos apenas esses traços centrais, deixando em suspenso as ambiguidades exploradas na interpretação de sua postura empírica como escritor. Passando agora à outra ponta do arco, habitada por uma postura de escritor antípoda desta (também no plano típico-ideal), os depoimentos citados parecem autoexplicativos, dada sua crueza em revelar artifícios na construção da imagem (simbólica e física) do escritor pondo inteiramente de lado seu trabalho propriamente literário; no entanto, há alguns aspectos que precisam ser um pouco mais desenvolvidos.

5 Ibid., p. 104.

"Embelezar" escritores e escritoras como assumida estratégia de marketing editorial representa o epítome de um processo de midiatização que tem uma longa história, que não cabe retraçar aqui, até chegar à interferência no corpo do artista para adequá--lo a certa figura pública previamente calculada. No exemplo quase caricatural de Meg Cabot, ostensivamente louvado pela diretora de marketing de sua editora, destaca-se a fusão entre a escritora e a heroína de seu romance devida à destreza de sua encenação, que potencializa a proximidade simbólica com seu público leitor. A unidade assim urdida, no entanto, difere radicalmente do caso de Kafka, cingindo-se à adesão da escritora à imagem de si que ela representa (aqui no sentido cênico) como emblema do que escreve, facilitando a identificação projetiva dos leitores e abrindo caminho para a vendagem do livro, que seguramente deve harmonizar-se, como objeto material, aos marcos postos por esse emblema (em seu projeto gráfico, paratextos de capas e orelha etc.). Esse procedimento ameaça inclusive tomar a frente daquilo a que se refere — como se ao texto bastasse não quebrar a unidade da figuração. O depoimento de Olivier Gay indica uma variante dessa postura que inclui alguma crítica irônica na identificação entre a figura de autor desenhada institucionalmente (também nesse caso pela casa de edição) e o produto de seu métier. Ao expor os procedimentos a que se submete para aceder a uma figura de seriedade "de autor", cria um distanciamento que é parte mesma dessa figura, adicionando rebeldia retórica e índole transgressiva (olheiras como o "cerne de uma vida dissoluta") como tempero especialmente apropriados a um escritor de romances policiais — insubmissão tornada modalidade de submissão institucional.

Entre os dois casos típicos assim construídos é possível localizar na história social da literatura um sem-número de casos empíricos de escritores, conforme a distância entre o autor que está no texto e sua existência diante dos outros, como encarnação de uma figura de literato para além do texto dirigida ao público — seus leitores, ou o conjunto dos que têm acesso à sua imagem pública — ou mesmo como um duplo autoconstituído, que pode inclusive se imiscuir na criação. De modo mais amplo, o que se sugere então é uma diferença entre texto e obra, considerando que o autor maneja, com maior ou menor controle, consciência e êxito, essa figuração pública e a modula de acordo com o que pretende com o texto — de modo que a obra seria a somatória do escrito com o que ficou encriptado na representação de autor oferecida ao público, que se interpõe entre o escrito e o lido. Em Kafka a figuração pública está virtualmente ausente, sobrando o texto como representação imediata do autor — ou quase isso, se lembrarmos a postura (ou impostura, descontada a carga moral do termo) representada pela autodepreciação e hesitação em publicar. No simétrico oposto o texto está presente, mas sob ameaça de ver-se englobado pela encenação de si produzida por seu autor; ou, como nos casos extremos que serviram de exemplo, a partir de uma estratégia editorial de caráter comercial a que adere. Não surpreende que o reconhecimento literário e o pertencimento aos cânones nacionais ou mesmo mundiais levam os escritores a uma postura mais próxima do "modo Kafka", ao passo que o sucesso apenas ou predominantemente comercial, aliado ao fracasso crítico, tenderia a aproximá-los do polo marcado pelo "embelezamento"; no entanto, haverá sempre algo de "embelezamento", como metáfora para a adequação figurativa, nos escritores mais "puros" (mais afeitos às proezas estritamente literárias) e vice-versa, isto é, a procura por renome literário lastreado no texto entre aqueles cuja performance fora das linhas desse texto lhes proporcionou um tipo mais instável, e contestável, de renome.

Indo para a moldura mais geral desses procedimentos, a dimensão cênica da atividade intelectual foi explorada por

Erving Goffman por ocasião de uma conferência cujo objeto é a própria situação da exposição de um texto, transposta em artigo e publicada em seu último livro. O autor convida o leitor a integrar a plateia desse articulista falando sobre conferências numa conferência; e comenta com sua audiência algumas das regras do jogo que está em curso, em relação ao modo como quem fala lida consigo mesmo:

> Tenho o direito de prender sua atenção e direcioná-la para algum tópico relevante, inclusive eu mesmo, se conseguir manejar esse objeto específico como material de um evento ou de uma opinião. Tenho o direito, e mesmo a obrigação, de reforçar esse processo comunicativo (não importando se o que é dito me inclui ou não como protagonista) com todo tipo de acompanhamento gestual mesmo que pareça pular para cima e para baixo. No entanto, se às expensas do que digo vocês focarem a atenção sobre essas manobras acessórias; se por causa daquilo a que faço referência vocês passam a considerar o processo pelo qual faço essas referências; então, algo que é estruturalmente crucial para os eventos de linguagem estará em perigo: a separação entre o interior e o exterior das palavras, entre o universo mantido pela significação do discurso e a mecânica discursiva. Essa separação, essa membrana, essa fronteira é como um recado: o que acontece com ela determina em grande parte o prazer ou desprazer que se terá na ocasião.[6]

São justamente essas passagens entre o interior e o exterior das palavras, entre a significação do discurso e as dinâmicas de sua enunciação ligadas à figuração pública de quem o

---

6 Erving Goffman, "The Lecture". In: *Forms of Talk*. Filadélfia: University of Pennsylvania Press, 1981, p. 173. [Tradução nossa.]

produz — e que interferem no modo como o leitor interpreta o texto — que estarão em questão aqui, e essa última dimensão será entendida, portanto, como parte da obra que incide sobre o texto de fora para dentro. Noutros termos, a encarnação de determinada figura de autor e sua difusão pública (na fala, na imagem, no texto paraliterário etc.) transborda para o texto literário, seja por ação mais ou menos consciente do autor, seja pela assunção dessa figura por seu público, que interfere no modo como se lê — e, antes disso, na expectativa sobre o que será lido. Penso que o artigo de Goffman traz as ferramentas essenciais para lidar com os problemas de interpretação que acorrem a quem adota essa perspectiva, deixando já as pistas para seu aproveitamento para além da situação de interação de copresença que é seu objeto. E, mesmo que ele não faça referência direta à autoria literária, o encaixe possível dessa modalidade em sua singularidade fica bastante visível. Nessa direção, algumas linhas de abordagem sociológica do fenômeno literário têm desenvolvido instrumentos próprios para captá-lo por esse viés ao longo das últimas décadas. Assim, Gisèle Sapiro estabelece a diferenciação entre "estratégias de escritura" e "estratégias de autor":[7] o primeiro termo remete à visada, intencionalista ou não, da produção de sentido no gesto de escrever, ao trabalho artístico com a linguagem, e está limitado à dinâmica do projeto literário no que concerne propriamente ao texto; o segundo, conforme antecipado anteriormente, volta-se para a construção da persona, da postura de autor, ou seja, de uma figuração de si como escritor seja na cena pública ou ainda naquilo mesmo que se escreve, e que se volta para a obtenção de algum tipo de validação não

---

7 Ver Gisèle Sapiro, *Sociologie de la littérature*. Paris: La Découverte, 2014. [Ed. bras.: *Sociologia da literatura*. Trad. de Juçara Valentino. São Paulo: Editora Moinhos, 2019.]

apenas literária, direcionando-se também para o reconhecimento temporal, e eventualmente convertendo a notoriedade em ganho econômico, social ou político. Pode-se então explorar o tipo de coincidência ou dissonância entre a identidade enunciativa e o discurso enunciado como dimensão da prática literária e recurso de entendimento dessa prática e de sua resultante. É sob essa perspectiva que cada capítulo do livro buscará elucidar questões não propriamente novas, relativas à obra (no sentido mencionado) de Paulo Coelho, Manuel Bandeira e Clarice Lispector.

A emergência de Paulo Coelho como fenômeno editorial sem par no cenário cultural brasileiro não passou sem tentativas de explicação, mas creio que ficou lacunar uma consideração mais ligada à força de difusão dos livros, produzida por um engenho que está na escritura, e ao modo como o mundo intelectual os recebeu, entre a crítica impiedosa e a recusa de levar em conta um objeto cultural posto liminarmente para além das fronteiras do que é propriamente um texto *literário*. O capítulo tenta então deslindar esses mecanismos eficazes de sedução de um universo de leitores de magnitude inaudita nas letras nacionais tal como se entranham na linguagem (plano da autoria como escritura); e, por outro lado, combiná-los com a postura de autor adotada e sua ligação com a dificuldade de se estabelecer como escritor respeitado. Como estratégia narrativa, partiremos dos momentos de maior efusão do autor no mercado e seu rebatimento no mundo literário, para então recuar para o caminho percorrido e avançar para o relativo ocaso da popularidade.

Os próximos capítulos lidam com autores para quem tal respeito nunca faltou, mas que o manejam de modo diverso em suas estratégias. Manuel Bandeira estabeleceu-se há muito — e definitivamente — no cânone dos grandes escritores brasileiros, mas sempre cioso de sua permanência, da manutenção de um modo sugerido de ler os poemas ancorado no tipo de reminiscência sobre si que incentivou. Se a obra de Bandeira pode ser pensada a partir do papel da memória, como de fato já o foi, isso se deveu quase sempre à necessidade crítica de considerar o papel dessas reminiscências, ligadas à recordação afetiva da infância e/ou como elemento mesmo da construção de sua poética. Mas há também na obra em prosa um movimento propriamente memorialístico, em que o uso da linguagem é diverso, mas a postura harmoniza-se com a do poeta. O texto fundamental nesse sentido é o *Itinerário de Pasárgada*, fonte preciosa para entender melhor não apenas os mecanismos de controle da recepção mobilizados por seu autor, mas também a relação disso com a concepção implícita do lugar social do poeta que ele pôs em ação. Ou seja, na narrativa autobiográfica de Bandeira (e nos esforços de descaracterizar o livro como tal) há a construção de uma postura de autor que pretende replicar a escritura poética que desenvolveu, recurso reiterativo que contribui para sustentar a naturalização de sua concepção de literatura.

Clarice Lispector é par imediato de Bandeira no prestígio literário e de Coelho na popularidade: como mostram pesquisas já não tão recentes,[8] mas provavelmente ainda válidas em seus resultados mais gerais, Clarice ocupa a terceira posição entre os escritores mais citados nos currículos de doutores em literatura no Brasil, com 63 citações, atrás apenas de Machado de Assis (122 citações) e Guimarães Rosa (cem), o que faz dela a escritora mais consagrada, se aceitarmos esse critério como bom marcador do cânone da literatura nacional. Mas a difusão de seus escritos ultrapassa os círculos eruditos: outra pesquisa,

---

8 *Folha de S.Paulo*, 3 jul. 2013. Os responsáveis pelas pesquisas, ambas divulgadas pelo Instituto Itaú Cultural, são respectivamente Laeticia Jansen Eble e Fabio Malini.

dessa vez sobre a presença da literatura brasileira na internet (especialmente nas redes sociais Facebook e Twitter), a coloca em segundo lugar, atrás apenas do poeta Paulo Leminski e à frente de Machado, o terceiro colocado. É certo que as referências nas redes sociais estão via de regra desenraizadas de seu ambiente textual, recortadas em geral como máximas ou epigramas (e não raro com erro de atribuição ou mesmo de transcrição); mesmo assim, a popularização da autora "difícil" não deixa de surpreender. E, no entanto, o exame das crônicas publicadas por ela na grande imprensa ao longo dos anos 1960 e 1970 mostra a criação de uma persona em franca dissonância com o tipo de escritura complexa e inventiva que a consagrou, dando origem à imagem da escritora circunspecta, séria, hermética, tão bem condensada na aura de mistério que envolve sua produção ficcional e transmite-se por contágio para sua pessoa — ou vice-versa. Atuando por vezes a contrapelo dessa imagem, Clarice produz mais mistério e também a possibilidade de desconstrução dessa aura, paradoxo que, como veremos, soube manipular com maestria.

Ao longo das análises, procurei evitar que transparecessem meus gostos, preferências e eventuais critérios críticos sobre as obras e os autores tratados, por serem irrelevantes para a análise, bem como me mantive distante do respeito ou do desprezo antecipados que quase sempre vão de par com a crítica especializada. Essa postura busca evitar o poder encantatório que tem a literatura (no fausto e no infausto); caso contrário, o objeto literário ganha o estatuto de realidade primeira, indiscutida e indiscutível. Mas um eventual desencantamento só pode se dar em relação ao que foi previamente encantado; o ponto de vista adotado não se coloca, portanto, contra a obra e seu suposto valor imanente, apenas não é esse seu alvo: sem predicar sobre o valor literário da obra, concentra-se mais em seu processo de valorização (ou desvalorização), para o qual o autor contribui de muitas maneiras, e mostrar como o faz só o diminui se já instalada a idolatria, que reduz toda consideração sobre as condições mundanas em que um texto é produzido a uma espécie de afronta à inteireza de seu valor e à dignidade de seu autor.

Mas, se a adesão prévia e automática ao princípio encantatório for quebrada, nada impede que a revelação, ainda que parcial, das circunstâncias reais em que escritores manejam sua produção provoque um efeito oposto a ele no leitor, intensificando sua relação com o texto, objeto e atividade do autor. No mais, relacionar o autor-texto ao autor-personagem deverá revelar a recursividade entre as instâncias, nova forma de contextualização que evita a famigerada (e falsa) dualidade entre dois extremos: de um lado o fechamento textualista, em que o "texto" não é nada senão uma unidade de linguagem objetivada e isolada pelos interesses especulativos da interpretação, de modo que a significação é efeito exclusivo do funcionamento autoprodutivo da linguagem; de outro o fechamento sociológico, ou sociologista, em que o "texto" agora pode explicar-se como efeito de alguma realidade fora dele, o "contexto" que o determinaria, como bem resume Jérôme Meizoz.[9] As posturas e posicionamentos de autor, nos três casos considerados, funcionam então como um tipo de contextualização, interface dinâmica em que autor e obra se constroem reciprocamente.

9 Cf. Jérôme Meizoz, "Que font aux textes les contextes (et vice versa)?". *Transitions*, 9 jan. 2016. Disponível em: <www.mouvement-transitions.fr/index.php/intensites/contexte/sommaire-des-articles-deja-publies/1091-n-1-j-meizoz>. Acesso em: 17 abr. 2022.

I

O mago

Feche algumas portas.
Não por orgulho ou arrogância,
mas porque já não levam
a lugar nenhum.

Paulo Coelho

I.
O rei do outro polo

Comecemos, algo aleatoriamente, por um evento no ano de 2010, distanciado 23 anos do livro que tornara Paulo Coelho conhecido, e oito de sua última obra publicada. Esses dois primeiros terços, grosso modo, de sua trajetória, marcam a ascensão meteórica no mercado e a reação em sentido inverso do mundo literário, dois movimentos que arrefecem significativamente no último terço. O episódio escolhido condensa bem o sentido dessa reação, e nos enseja aquilatar melhor contra o que se está reagindo e por quê, enquanto se constrói a figura do escritor Paulo Coelho.

Nesse ano de 2010, a Bienal Internacional do Livro de São Paulo abrigou uma mesa que pôs em discussão a repercussão internacional da literatura brasileira, composta por Marçal Aquino e Milton Hatoum, escritores já então reconhecidos entre os nomes relevantes na literatura brasileira contemporânea, e por Gregório Dantas, crítico e professor da Universidade Federal da Grande Dourados. O relato da mesa pelo jornal *Folha de S.Paulo* revela que o desinteresse pela literatura brasileira no plano mundial foi consenso entre os participantes. Na explicação de Aquino, essa situação remonta ao fim do boom da literatura latina, realismo mágico à frente, de que a literatura brasileira se beneficiou indiretamente, despertando o interesse do mercado editorial. No entanto, o momento político seria desfavorável na data de seu pronunciamento: "Hoje a moda é o Leste Europeu e Cabul, áreas de conflito. Há também o vampirismo. O cara que escrever 'O vampiro de Cabul' vai ganhar muito dinheiro".[1]

Para Dantas, a literatura nacional ainda se ressente de uma leitura sob as lentes do exotismo. Hatoum detecta uma melhora nos últimos anos, que envolve a tradução de clássicos e autores contemporâneos (ele mesmo fora traduzido para dezesseis línguas). Em seus termos, "o que tenho notado é que o interesse pelo Brasil tem aumentado porque hoje temos um maior destaque internacional. Mas o fundamental é a qualidade da obra. Cedo ou tarde, bons livros serão traduzidos".[2]

A julgar pelo que a matéria reproduziu, os participantes da mesa precisaram esquecer um pequeno detalhe para sustentar suas posições. Trata-se do fato, provavelmente bem conhecido por eles, de que o escritor mais lido no mundo naquela altura, cujas vendas já haviam batido a casa dos 100 milhões de livros, publicados em 150 países e traduzidos em 62 línguas, é o brasileiro Paulo Coelho. É provável ainda que não se trate exatamente de esquecimento — a menção ao eventual autor de "O vampiro de Cabul" por Aquino e a que faz Hatoum aos livros que hão de ser traduzidos por sua qualidade mal disfarçam a referência velada a Coelho —, mas da desconsideração pura e simples de seu pertencimento ao domínio culto da literatura. Se assim for, não estão sozinhos: o sucesso de público do autor foi permanentemente acompanhado pela desqualificação crítica, expressa o mais das vezes pelo silêncio a que é relegado nos círculos eruditos, expressão de seu pouco valor na escala dos objetos dignos de interesse intelectual genuíno. Nessa hierarquia, o fenômeno representado pela produção de Coelho diz respeito ao mercado e não à literatura; abriga-o talvez uma sociologia do consumo de bens simbólicos

---

1 "Bienal debate a imagem brasileira no exterior". *Folha de S.Paulo*, p. E3, 17 ago. 2010. 2 Ibid.

ou estudos no campo da indústria cultural, mas nunca os estudos literários.

Nesse sentido, o lugar destinado aos livros de Coelho já é em si bastante expressivo dos contornos que ganharam aqui as relações entre literatura e mercado; e, mais genericamente, alta e baixa cultura. As categorias "nativas" do mundo literário tendem a transformar-se em critério de verdade sobre a obra, sem que se atente para as circunstâncias em que surgiram, o que turva a realidade da literatura como fenômeno social. De tal modo que suspender programaticamente esse tipo de juízo corresponde a restituir ao autor o estatuto de literato, como escritor brasileiro de ficção, tal como ele próprio se define e cobra reconhecimento, mas implica também pensá-lo como produtor de certo tipo de literatura, o que leva a discutir a noção de best-seller e seu lugar no sistema literário. Coelho transitou por diversos setores da produção cultural, entre o teatro, o jornalismo, a música popular, a edição e o posto de dirigente na indústria da música antes da consagração popular como escritor, que seus diários registram precocemente como seu grande projeto de vida. Como hipótese, assume-se que, longe da inautenticidade atribuída a seus escritos, é a contingência do encontro entre o tipo de ambição cultivada por ele a partir das pulsões sociais específicas que o tocavam e as oportunidades concretas que encontrou e soube aproveitar que produz, de um lado, uma simetria especial entre autor e público, de outro, o desencontro entre o reconhecimento desejado e o tipo de consagração inteiramente mundana que recebeu, ídolo entre seus leitores e pária entre os colegas de ofício. Para cumprir esse itinerário será necessário, antes de mais nada, tratar de alguns aspectos morfológicos relativos ao mercado editorial brasileiro capazes de aquilatar o impacto dos livros de Coelho. Segue-se uma leitura interna de algumas obras que tenta dar conta das razões de seu sucesso no que ele tem de singular; e, em seguida, uma análise desse desajuste entre a expectativa inscrita no projeto criador e sua encarnação efetiva no mundo literário, de que a persona pública de escritor é talvez o principal operador.

> Você já estava querendo isto há muito tempo. Senti que Você vinha fechando o círculo à minha volta, e sei que Você é mais forte do que eu. Você tem mais interesse em comprar minha alma do que eu em vendê-la. De qualquer forma, eu preciso ter uma ideia do preço que Você vai me pagar. Para tanto hoje, 11 de novembro de 1971, até o dia 18 de novembro, vou fazer uma experiência. Falarei diretamente com Você, o Rei do Outro Polo.[3]

Nesses termos Paulo Coelho registra em seu diário o esboço de um pacto com o demônio visando a consecução de seu projeto de tornar-se um escritor mundialmente reconhecido. Ao longo de duas décadas, esse diário foi alimentado com registros constantes, e constitui uma das bases principais da biografia escrita por Fernando Morais, em que a perseverança na luta por seu objetivo, enfim realizado, é um dos fios condutores da narrativa. O biógrafo assume a perspectiva do biografado escolhendo o projeto pessoal tal como este último o descreve como o télos de uma existência vencedora graças a uma combinação de predestinação devidamente inscrita numa cumulação de traços significativos com as virtudes da perseverança do combatente que enfrenta os percalços do caminho, impulsionado por um entusiasmo quase inabalável pelo valor de sua causa. Adiante veremos que não é outro o procedimento que garantiu a Coelho o tipo de adesão que obteve de seus leitores; de fato, aplicando à vida do biografado as divisas

3 Apud Fernando Morais, *O mago*. São Paulo: Planeta, 2008, p. 293.

que este foi estabelecendo como princípio de condução de si ao longo de sua obra, Morais unifica idealmente os públicos dos dois escritores.

Seguindo esse modelo, o episódio faustiano transcrito no diário ganha relevo como momento de tentação a ser enfrentado por aquele cuja virtude será recompensada no final. Mas o mesmo episódio ganha novo sentido a partir de outra perspectiva, que retém daquela antes descrita uma certa qualidade profética de Coelho: mais de duas décadas após seu flerte com o "Rei do Outro Polo", pode-se dizer que o próprio Paulo Coelho logrou ocupar essa posição, não na realidade transcendente a que então fazia acenos, mas na dimensão bastante concreta do sistema literário brasileiro, em que não encontra rivais para o posto de campeão de setor de produção ampla — ou da literatura de entretenimento, em contraste com o polo da produção restrita que, afinada com o poder de legislar sobre a definição legítima de literatura, o exclui peremptoriamente. Trata-se, portanto, de tentar entender como foi possível que o jovem signatário do pacto citado tenha se convertido no fenômeno cultural capaz de vender mais de 100 milhões de livros no mundo. Sob a capa do mago, persona em que ele se apresentou e se viu satisfeito em ser reconhecido, há mais do que o autor de best--sellers imediatamente identificado pela crítica especializada ao pastiche, à expressão inautêntica, à produção estandardizada — sem discutir as razões estéticas dos críticos, suas assertivas serão tomadas aqui, vale reforçar, também como fenômenos a compreender e não como tribunal de decisão sobre os fenômenos.

Ainda em relação aos diários, quero insistir que em seu núcleo está o projeto desde cedo acalentado de tornar-se escritor, critério maior daquilo que merece ser registrado, a exemplo das anotações obsessivas que faz a respeito de cada livro lido. A trajetória social que levaria à produção do mago-escritor passa pelo rompimento dos limites estabelecidos pela situação familiar, caracterizada pelo habitual conservadorismo das famílias de classe média econômica, dirigidas pelo pai profissional liberal (engenheiro, no caso) e mãe dona de casa. Sem herdar capital cultural significativo, e exposto ao mau jeito dos pais em lidar com o inconformismo do filho quanto ao destino social imposto (de que os episódios de internação por iniciativa paterna em manicômios são o exemplo extremo), Coelho encontra na vertente esotérica da contracultura a via de expressão de suas inquietações e o apoio para a edificação de seu projeto literário. Se boa parte de sua vida adulta se dá fora do campo da literatura, fechado a suas primeiras investidas, é no mundo da música popular que estreia como criador, a partir do encontro com Raul Seixas, de cuja ascensão será parceiro constante, como letrista, nos anos 1970;[4] e, a partir daí, estabelecerá ao longo de décadas parcerias também com nomes como Rita Lee, Zé Rodrix, Hyldon, Fábio Jr. e Roberto Menescal, entre outros. Mas a grande repercussão popular e crítica do trabalho da dupla, paralela à ascensão de Coelho no mercado musical, como produtor e executivo de gravadora, que transformou radicalmente sua condição econômica, não

4 São muitas as afinidades entre as letras de canções de Coelho e seus livros, sobretudo nas parcerias com Raul Seixas, material que não será aprofundado neste trabalho. Um exemplo dos mais expressivos é a canção "Tente outra vez", do LP *Novo Aeon*, de 1975, cuja letra antecipa boa parte da doutrina que o escritor desenvolveria, conforme será tratado adiante: "Veja/ Não diga que a canção está perdida/ Tenha fé em Deus, tenha fé na vida/ Tente outra vez./ Beba/ Pois a água viva ainda está na fonte/ Você tem dois pés para cruzar a ponte/ Nada acabou, nada não./ Tente/ Levante sua mão sedenta e recomece a andar/ Não pense que a cabeça aguenta se você parar/ Há uma voz que canta, há uma voz que dança/ Há uma voz que gira/ Bailando no ar./ Queira/ basta ser sincero e desejar profundo/ Você será capaz de sacudir o mundo/ Vai, tente outra vez./ Tente/ E não diga que a vitória está perdida/ se é de batalhas que se vive a vida/ Tente outra vez".

saciou sua sede de literatura. A carreira na música popular e sua indústria será então interrompida em prol de uma derradeira tentativa, já após os quarenta anos, de tornar-se escritor, cujo desfecho se daria com a publicação de *O diário de um mago*. Assim, a precocidade e a persistência do projeto são indicadores de sua "autenticidade", num sentido preciso: a despeito do resultado inesperado do livro, nada indica tratar-se de um produto visando primariamente o sucesso comercial; seria mais exato, pelo contrário, atribuir as energias mobilizadas em sua criação ao desejo de afinal consolidar a recusa da herança social recebida da família, plasmada simbolicamente na adesão à ordem estabelecida, o que inclui a prosperidade material como finalidade sem fim, aspecto contra o qual se levanta o ideário hippie que Coelho incorporou na juventude e a que recorrerá como bastião identitário em sua autobiografia, a que voltarei.

Para captar melhor a magnitude do fenômeno editorial que ele representou, é útil acompanhar os dados de vendagem de livros no Brasil a partir do final dos anos 1960, notando como as listas de mais vendidos se mostram conformes às clivagens que se estabelecem no sistema intelectual em sua totalidade e no subcampo literário em particular.

2.
No mercado

O termo "best-seller", que passa a designar os livros de melhor vendagem a partir dos anos 1940 nos Estados Unidos, logo passará por um deslizamento semântico, de substantivo a adjetivo; de registro quantitativo a marca classificatória qualitativa, passando a designar também um certo tipo de literatura diretamente voltada ao mercado e, assim, avaliada a partir do critério de poder de difusão e rentabilidade financeira, acima do critério puramente estético. É nesse sentido que a teoria da indústria cultural se refere aos produtos simbólicos gerados para o mercado amplo, destinação que interfere na estrutura interna de sua linguagem no sentido da simplificação e da repetição, procedimentos que, por sua vez, acarretariam o rebaixamento de seu valor intrínseco, dominado pela forma mercadoria e seus imperativos de comunicação imediata por meio da redundância da mensagem. O livro, tornado simplesmente mercadoria, perderia valor estético (desinteressado, incondicional) em proveito de seu aspecto utilitário, de sua função: entretenimento, realização projetiva de desejos ou de necessidades radicais que o mundo da alienação não pode realizar de fato, apassivamento da consciência — entre outros aspectos do declínio da cultura apontado por essa tradição interpretativa. No esquema classificatório do universo literário, o livro mais vendido engendrou assim toda uma sorte de designações pouco edificantes: subliteratura, literatura de massa, literatura de entretenimento, literatura culinária etc. Termos expressivos ao adicionar ao substantivo "literatura" uma qualificação que protege tudo que ele supõe de elevado, de remissão à pureza da obra erigida segundo o princípio da "arte pela arte" e assim protegida da contaminação por móveis e objetivos ordinários.

Esse breve comentário a respeito da noção de best-seller remete ao fato de que a chave da recepção de Paulo Coelho tanto na crítica acadêmica como na grande imprensa no Brasil está, via de regra, na desqualificação classificatória que recusa a seus livros o estatuto de literatura — não importando aqui a consistência interna desse procedimento. A relação entre o livro e seu público é pensada na lógica de um esquema causal, em que os interesses econômicos são o motor (visível ou não) do impulso de produção, estranho à esfera do estético. No entanto, a proposta é que os números que se seguem sejam lidos preferencialmente na chave da homologia, isto é, das correlações simétricas entre semelhanças e diferenças entre autores e públicos, que a meu ver capta melhor a singularidade de um escritor do que apenas atentando para as relações de produção, mediação e consumo que sua obra mobiliza. Os dados de vendagem referem-se ao período entre as décadas de 1960 e 1990, e foram obtidos pela pesquisadora Sandra Reimão.[5]

A única fonte disponível sobre venda de livros nos anos 1960 é a revista *Veja*, publicada apenas a partir de setembro de 1968. A média realizada por Reimão entre os mais vendidos nas semanas entre setembro e dezembro de 1968 resultou no seguinte:

1. *Aeroporto*, Arthur Hailey, Editora Nova Fronteira;
2. *Um projeto para o Brasil*, Celso Furtado, Editora Saga;

---

5 Sandra Reimão, *Mercado editorial brasileiro*. São Paulo: Com-Arte; Fapesp, 1996.

3. *Eros e civilização*, Herbert Marcuse, Editora Zahar;
4. *O desafio americano*, Jean-Jacques Servan-Schreiber, Editora Expressão;
5. *Minha vida, meus amores*, Henry Spencer Ashbee, Editora Hemus;
6. *Ideologia da sociedade industrial*, Herbert Marcuse, Editora Zahar;
7. *Materialismo histórico e existência*, Herbert Marcuse, Editora Tempo Brasileiro;
8. *Como desenvolver a memória*, Joyce D. Brothers, Distribuidora Record;
9. *Homem ao zero*, Leon Eliachar, Editora Expressão;
10. *Kama sutra*, Vatsyayama, Editora Coordenada;
11. *A inglesa deslumbrada*, Fernando Sabino, Editora Sabiá;
12. *Filosofia na alcova*, Marquês de Sade, Editora Contorno.

Nessa década, o índice de leitura está abaixo de um livro por habitante ao ano, o que deve ser considerado para o entendimento da amostra. É bastante provável que a grande maioria dos leitores se concentre nas frações mais educadas das classes média e alta, o que explicaria a concentração de títulos ensaísticos de análise sociopolítica do Brasil e do mundo. Na conjuntura doméstica pós-golpe de 1964, aliada ao contexto mais geral de liberalização dos costumes, ganha sentido o interesse por Marcuse e seu projeto de aliar marxismo e psicanálise na chave frankfurtiana, mas não deixa de ser notável seu desempenho, emplacando três livros entre os doze mais vendidos. A tendência de liberação sexual explica ainda a presença de Sade e do *Kama sutra* na listagem, assim como a forte clivagem ideológica do período está expressa na presença do ensaio liberal de Servan-Schreiber, fundador do jornal *L'Express*. A rigor, o único título de ficção bem encaixado na categoria best-seller é o romance de Hailey, que faz par no setor de não ficção com *Como desenvolver a memória*, precursor da rubrica autoajuda, em que Coelho será também alocado por alguns. Note-se ainda que há apenas dois autores brasileiros: o humorista Leon Eliachar e Fernando Sabino, que comparece com uma coletânea de crônicas como correspondente em Londres do *Jornal do Brasil*. O romance, o conto e a poesia parecem interessar menos às frações culturais das camadas média e de elite como problematização da realidade brasileira do que o teatro, o cinema e a música popular amplamente consumidos.

Nos anos 1970 rompe-se a média de um livro ao ano por habitante, numa escala crescente que culmina em 1979 com a média de 1,8 livro. Os anos do "milagre econômico" contribuíram para a industrialização da cultura, a par da queda acentuada na taxa de analfabetismo e expansão do sistema de ensino superior. Quanto ao tipo de literatura que mais vende, permanece forte o interesse pela discussão das questões nacionais, agora sob a forma do romance político. A mesma fonte consultada indica, por exemplo, o sucesso de Erico Verissimo: *Incidente em Antares* é o livro nacional mais vendido de 1973, *Solo de clarineta*, o livro mais vendido de 1974 e o nono em 1975. Chico Buarque de Holanda obtém o quarto posto em 1974 com *Calabar*, e o primeiro no ano seguinte com *Fazenda modelo* e em 1976 com *Gota d'água* (em parceria com Paulo Pontes). As listas registram ainda o impacto da consolidação do sistema de redes nacionais de televisão. Como exemplo, o humorista Chico Anysio inclui dois livros na lista dos nacionais mais vendidos de 1973 (*O enterro do anão*, em terceiro, e *É mentira, Terta?*, em sexto), um na de 1974 (*A curva do calombo*, em quinto) e outro no ano seguinte (*Teje preso*, também em quinto).

A década é marcada ainda pela diversificação, de que dá prova a boa vendagem de textos brasileiros de fatura literária mais complexa, e sem engajamento direto. Nesse tópico Reimão inclui os volumes de memorialística de Pedro Nava (*Baú de ossos* é o terceiro entre os autores nacionais em 1973, *Balão cativo* o sexto em 1974, *Chão de ferro* o quarto em 1976), e os romances de Clarice Lispector (*Água viva* é o oitavo no setor de autores nacionais em 1973), Osman Lins (terceiro em 1974 com *Avalovara*), Lygia Fagundes Telles (*As meninas*, quinto em 1975), Rachel de Queiroz (*Dora Doralina*, sexto em 1975); além do já veterano em boas vendagens Jorge Amado (*Tereza Batista cansada de guerra*, o mais vendido em 1973; *Tieta do Agreste*, terceiro em 1977). No plano internacional, esse setor abrange ainda os autores do "boom" do realismo fantástico latino-americano: *O outono do patriarca*, de Gabriel García Márquez (segundo em ficção em 1976), *Conversa na catedral* e *Tia Julia e o escrevinhador*, ambos de Mario Vargas Llosa (respectivamente primeiro e segundo em 1978). A indústria do best-seller aparece nas listas da década basicamente com romancistas internacionais como Arthur Hailey, Morris West, J. M. Simmel, Richard Bach. Estes dois últimos autores representam um tipo de literatura a que Coelho se vincularia no que diz respeito ao desenraizamento da narrativa, que, assumindo um tom de parábola, não se liga de maneira direta a uma realidade mais historicamente circunscrita (penso sobretudo em *Fernão Capelo Gaivota* e *Ilusões*, de Bach).

O comentário sobre os anos 1970 restringiu-se até aqui aos textos de ficção porque as bases de dados (sobretudo o *Anuário Estatístico do Brasil*, do IBGE, e a revista *Veja*) passam a compilar separadamente a vendagem de ficção e não ficção. Na fonte consultada aparece a listagem completa dos títulos de 1978, que interessa reproduzir por mostrar bem a tendência da década nesse setor:

1. *As veias abertas da América Latina*, Eduardo Galeano;
2. *A ditadura dos cartéis*, Kurt Mirow;
3. *O governo de João Goulart*, Moniz Bandeira;

4. *Depoimento*, Carlos Lacerda;
5. *Cuba de Fidel*, Juarez Lopes Brandão;
6. *Anarquistas e comunistas no Brasil*, J. W. Foster Dulles;
7. *O Relatório Hite*, Shere Hite;
8. *Lições de liberdade*, Sobral Pinto;
9. *Os militares no poder II*, Carlos Castello Branco;
10. *Bagaço de beira-estrada*, Mário Lago.

Há uma clara concentração nos temas políticos — notadamente de história política nacional e questões internacionais conexas, tendência já indicada nos dados sobre os anos 1960. A essa listagem, é preciso acrescentar outras informações disponíveis que referendam o direcionamento das vendas. Assim, em 1974, *Agosto 1914*, de Alexander Soljenítsin, alcança o terceiro posto de autor estrangeiro mais vendido, e no ano seguinte seu *Arquipélago Gulag* fica em quarto lugar. A esses títulos pode-se juntar *A ilha*, do mesmo Fernando Morais biógrafo de Paulo Coelho, relato de suas impressões sobre Cuba, livro mais vendido de 1977 no segmento não ficção. A análise da conjuntura nacional rendeu a Alfred Stephan o quinto lugar de 1976 com *Os militares e a política* e a Maria Victoria Benevides o sexto com *O governo Kubitschek*. No fechamento da década, o livro *O que é isso, companheiro?*, relato autobiográfico sobre a experiência de Fernando Gabeira como militante e exilado político, é o grande sucesso de vendas, indicando já outro nicho de mercado no processo de diversificação que se acentua nos anos seguintes.

Nos anos 1980, em que a média de livros por habitante ao ano chega a 1,5, é possível organizar os índices de vendagem, tomando como fonte a revista *Leia Livros* e dados do Datafolha, separando-os em ficção/não ficção e nacional/estrangeiro. Os livros brasileiros de ficção aparecem nos seguintes postos entre os mais vendidos:

1980 (fonte: *Leia Livros*)
1. *O grande mentecapto*, Fernando Sabino, Record;
8. *Farda, fardão, camisola de dormir*, Jorge Amado, Record.

1981 (fonte: *Leia Livros*)
3. *A falta que ela me faz*, Fernando Sabino, Record;
4. *Sempreviva*, Antonio Callado, Nova Fronteira.

1982 (fonte: *Leia Livros*)
1. *O analista de Bagé*, Luis Fernando Verissimo, L&PM;
5. *Não verás país nenhum*, Ignácio de Loyola Brandão, Codecri;
6. *Sucupira, ame-a ou deixe-a*, Dias Gomes, Civilização Brasileira.

1983 (fonte: *Leia Livros*)
3. *O menino no espelho*, Fernando Sabino, Record;
6. *O analista de Bagé*, Luis Fernando Verissimo, L&PM;
8. *A ordem do dia*, Marcio Souza, Marco Zero;
9. *Outras do analista de Bagé*, Luis Fernando Verissimo, L&PM.

1984 (fonte: *Leia Livros*)
6. *A grande arte*, Rubem Fonseca, Francisco Alves;
7. *O gato sou eu*, Fernando Sabino, Record;
9. *A velhinha de Taubaté*, Luis Fernando Verissimo, L&PM.

1985 (fonte: *Leia Livros*)
3. *Viva o povo brasileiro*, João Ubaldo Ribeiro, Nova Fronteira;
5. *Tocaia grande*, Jorge Amado, Record;
6. *Amar se aprende amando*, Carlos Drummond de Andrade, Record;
7. *A faca de dois gumes*, Fernando Sabino, Record;
8. *O corpo*, Carlos Drummond de Andrade, Record.

1986 (fonte: *Leia Livros*)
5. *Bufo & Spallanzani*, Rubem Fonseca, Francisco Alves;
10. *Blecaute*, Marcelo Rubens Paiva, Brasiliense.

1987 (fonte: *Leia Livros*)
Não consta nenhum escritor brasileiro.

1988 (fonte: *Folha de S.Paulo*)
Não consta nenhum escritor brasileiro.

1989 (fonte: *Folha de S.Paulo*).
2. *O alquimista*, Paulo Coelho, Rocco;
5. *O diário de um mago*, Paulo Coelho, Rocco;
7. *Tieta do Agreste*, Jorge Amado, Record;
9. *O sorriso do lagarto*, João Ubaldo Ribeiro, Nova Fronteira.

No total, a ficção brasileira representou cerca de um quarto dos livros mais vendidos ao longo da década, com grande predomínio de romances. A estreia de Paulo Coelho entre os mais vendidos no final do período representa a grande novidade em meio a campeões de vendagem como Fernando Sabino, Jorge Amado e Luis Fernando Verissimo. O fenômeno editorial ímpar que ele representa se consolidará nos anos 1990: o conjunto de seus quatro primeiros livros — *Diário de um mago*, *O alquimista*, *Brida* e *As Valquírias* — vende 3,1 milhões de exemplares até julho de 1993 (*O alquimista* vendeu sozinho 1,65 milhão no mundo todo até essa data), permanecendo na lista dos mais vendidos por quatro anos, ou 208 semanas. Ao longo dos anos 1980, no entanto, os ficcionistas estrangeiros respondem por 74% dos volumes mais vendidos, com Sidney Sheldon na liderança, seguido de Milan Kundera, Frederick Forsyth, Colette Dowling, Régine Desforges e Marion Zimmer Bradley. O livro de Bradley, *As brumas de Avalon*, de temática esotérica, abre caminho para a ascensão de Coelho, alcançando o sexto lugar em 1986 e o primeiro em 1987 e 1988.

No segmento de não ficção o desempenho dos autores brasileiros é consideravelmente melhor, com 55% dos livros mais vendidos, destacando-se os seguintes autores:

Fernando Gabeira, primeiro lugar (*O que é isso, companheiro?*) e quinto (*O crepúsculo do macho*) em 1980; segundo (*Entradas e bandeiras*) e quarto (*O crepúsculo...*) em 1981;

Marta Suplicy, quarto lugar em 1983 (*Conversando sobre sexo*); nono em 1984 (*A condição da mulher*); quinto em 1985 (*De Mariazinha a Maria*);

Marcelo Rubens Paiva, primeiro lugar em 1983 e 1984 (*Feliz ano velho*);

Fernando Morais, primeiro lugar em 1986 (*Olga*).

Na divisão temática, nota-se que cerca de 80% dos livros brasileiros de não ficção distribuem-se, em ordem decrescente, entre análise político-econômica, memorialística, biografia, sexualidade e feminismo. O mesmo vale para os textos estrangeiros, mas com a inversão da ordem dos nacionais. Os maiores vendedores foram:

Colette Dowling, segundo lugar em 1984 e primeiro em 1985 (*Complexo de Cinderela*); terceiro em 1989 (*Complexo de perfeição*);

Robert Johnson, primeiro (*She*), segundo (*He*) e nono (*We*) em 1988.

Após os líderes, aparecem ainda Alex Comfort, Alvin Toffler e Lee Iacocca.

O conjunto dos livros brasileiros mais vendidos reflete o momento político de abertura, tendência que apresenta certo arrefecimento na década seguinte, que conserva, no entanto, a marca de melhores vendas de autores brasileiros em não ficção em relação a ficção, mesmo que esse segmento tenha crescido. No geral, os textos de não ficção são dominados pela literatura de autoajuda (Lair Ribeiro à frente), e no setor de ficção pelo esoterismo. Neste último, dezoito títulos de autores nacionais entram na lista dos mais vendidos entre 1990 e 1993, sendo os quatro primeiros livros de Paulo Coelho responsáveis por catorze entradas. Completam a lista Chico Buarque (*Estorvo*), Rubem Fonseca (*Agosto* e *Romance negro*) e Marcelo Rubens Paiva (*Bala na agulha*).

Esse rápido mapeamento do mercado editorial brasileiro entre as décadas de 1960 e 1990, ainda que incompleto, deve bastar como panorama amplo em cujos contornos se pode aquilatar melhor o significado da eclosão de Paulo Coelho como fenômeno editorial. Além disso, deixa aberta uma via de análise relevante para a compreensão da força de sua difusão; como visto, a partir dos anos 1990 o mercado de livros é dominado pelos volumes de autoajuda e ficção esotérica. Uma leitura rápida poderia alocar a literatura de Coelho em ambas as rubricas sem estar inteiramente equivocada. Mas é justamente o jogo muito particular que seu texto produz com a temática esotérica, e a partir daí a abertura para o campo da autoajuda de modo também específico, que guarda as razões do notável efeito de adesão que produziu. No próximo item desenvolverei esse ponto a partir da análise de alguns aspectos de *O diário de um mago* (1987) e *O alquimista* (1988), os livros que impulsionaram a carreira do escritor.

3.
Dois livros

O livro *O diário de um mago* é o relato em primeira pessoa baseado na viagem realizada por Coelho em 1986, por sugestão daquele que ele chama de mestre, que encontrara a partir de uma experiência mística ao visitar o campo de concentração de Dachau. O fio condutor da narrativa é a procura de uma espada escondida pelo mestre em algum ponto do Caminho de Santiago, antiga rota de peregrinos entre a França e a Espanha, e que sancionaria simbolicamente sua investidura como mago na misteriosa ordem católica RAM (Regnus Agnus Mundi). Nessa jornada, Coelho, já adepto das práticas místicas ligadas ao que chama de "Tradição", conta com um guia (Petrus) que lhe dá ensinamentos espirituais e admoestações a fim de prepará-lo para merecer o título buscado. O livro desenvolve-se narrando os incidentes da viagem que funcionam como passos de sua aprendizagem, centrado na relação entre o protagonista e seu guia, até que, vencidos os percalços e aprendidas as lições, se atinge o objetivo. A linguagem é bastante direta, evitando o uso de recursos literários; ou, segundo o propósito do autor, fazendo da simplicidade o único recurso literário pertinente. Assim, a dedicatória já contém a intenção expressiva que preside o relato:

Quando começamos a peregrinação, eu achei que havia realizado um dos maiores sonhos da minha juventude. Você era para mim o bruxo D. Juan, e eu revivia a saga de Castañeda em busca do extraordinário.

Mas você resistiu bravamente a todas as minhas tentativas de transformá-lo em herói. Isto tornou muito difícil nosso relacionamento, até que entendi que *o Extraordinário reside no Caminho das Pessoas Comuns*. Hoje em dia, esta compreensão é o que possuo de mais precioso em minha vida, me permite fazer qualquer coisa, e irá me acompanhar para sempre.[6]

A frase destacada condensa a ideia-força reiterada ao longo desse e de outros livros, importante ferramenta no objetivo de dirigir-se ao maior público possível. A remissão ao "Caminho das Pessoas Comuns", expressivamente grafado com iniciais em maiúsculas, opera como um aceno de proximidade com o leitor no mesmo movimento em que marca uma distância: o segredo da transcendência é acessível ao vulgo, desde que bem conduzido por um iniciado. No livro, essa ideia articula-se à de "Bom Combate", assim definida pelo guia:

O Bom Combate é aquele que é travado porque nosso coração pede. Nas épocas heroicas, no tempo dos cavaleiros andantes, isto era fácil, havia muita terra para conquistar e muita coisa para fazer. Hoje em dia, porém, o mundo mudou muito, e o Bom Combate foi transportado dos campos de batalha para dentro de nós mesmos.

O Bom Combate é aquele que é travado em nome de nossos sonhos. Quando eles explodem em nós com todo seu vigor — na juventude nós temos muita coragem, mas ainda não aprendemos a lutar. Depois de muito esforço, terminamos aprendendo a lutar, e então já não temos a mesma coragem para combater. Por causa disto, nos voltamos contra nós e combatemos a nós mesmos, e passamos

---

6 Paulo Coelho, *O diário de um mago*. São Paulo: Planeta, 2006, p. 5. Grifo meu.

a ser nosso pior inimigo. Dizemos que nossos sonhos eram infantis, difíceis de realizar, ou fruto de nosso desconhecimento das realidades da vida. Matamos nossos sonhos porque temos medo de combater o Bom Combate.[7]

O apelo à autorrealização funda-se na espontaneidade do sentimento e da fantasia pessoal, e qualquer realismo que impeça, por ingênua, sua persecução, remete a uma atitude covardemente pragmática, ao menos em seu aspecto defensivo, na condução da vida. Assim, o "Bom Combate" trava-se no caminho das pessoas comuns, e deve ser individualizado através de uma descoberta pessoal, conforme dá a ver o autor na seguinte passagem:

> No caminho me dei conta da situação. Eu estava guiando o meu guia. Percebi que em nenhum momento de toda a nossa jornada Petrus havia feito qualquer esforço para parecer mais sábio, mais santo, ou melhor do que eu. Tudo o que tinha feito era me transmitir sua experiência com as práticas de RAM. Mas, de resto, fazia questão de mostrar que era um homem como todos os outros, que sentia Eros, Philos e Ágape.
> Isso fez com que me sentisse mais forte. Era das pessoas comuns o Caminho de Santiago.[8]

Coelho projeta aqui a relação vivida com seu guia na relação virtual com seus leitores — que, como ele, são pessoas comuns a que se encoraja combater o "Bom Combate". Mestre e seguidores estão no mesmo plano, e, embora o primeiro possa ensinar algo no âmbito teórico sobre variantes do amor (eros, philos, ágape), todos podem vivê-las na plenitude desde que aprendam, pela mediação de um mestre, a seguir a si mesmas. Esse aprendizado, porém, não se realiza intelectualmente; a certa

7 Ibid., pp. 56-7. **8** Ibid., p. 103.

altura, o guia comenta o seguinte sobre o processo de Coelho: "Confesso que no começo foi muito difícil, porque você estava muito mais interessado no lado intelectual dos ensinamentos do que no verdadeiro sentido do caminho, que é o caminho das pessoas comuns".[9]

E o segredo, na linha anti-intelectualista adotada, dissolve-se na adoção de uma sabedoria prática pré-reflexiva: "A vida ensina a cada momento, e o único segredo é aceitar que, apenas com o nosso cotidiano, podemos ser tão sábios como Salomão e tão poderosos como Alexandre Magno".[10]

Ao final da narrativa, a descoberta da espada que era buscada coincide com a descoberta de si, identificada com o desejo entretido desde a infância de se tornar escritor. O sucesso do livro e a eficácia de sua mensagem tornam-se assim recursivos, estimulando nos leitores o convite a replicar o processo descrito pelo escritor, atuando como uma espécie de profecia autocumprida.

O livro seguinte de Coelho, *O alquimista*, reitera o sentido da mensagem de *O diário de um mago*, acrescentando novos instrumentos retóricos e conceituais à mesma prédica. Trata-se de uma variante da história de um homem que sonha com um tesouro distante e, após chegar ao lugar indicado pelo sonho, descobre que de fato ele sempre esteve no lugar de onde partira e, portanto, de algum modo consigo — cuja matriz é o *Livro das mil e uma noites*, que Coelho conheceu lendo a versão de Jorge Luis Borges, assumidamente seu grande modelo literário, e reconverteu numa espécie de romance de formação. Narrado em terceira pessoa, o enredo acompanha a aventura de um pastor que resolve abandonar seu ofício para buscar um tesouro aos pés das pirâmides do Egito, revelado em sonho. A busca do protagonista será pontuada por uma série

9 Ibid., p. 106. 10 Ibid., p. 96.

de encontros, o principal deles com um alquimista, que lhe ensina a se comunicar com a "Alma do Mundo" e assim a escutar a si mesmo e a ler os sinais exteriores de uma linguagem universal que perpassa todas as coisas. Trata-se, portanto, de um tipo de "educação esotérica" que, a exemplo do livro anterior, passa pela dissolução do segredo no aprendizado de uma intimidade com a vida obtida pelo caminho da simplicidade, sempre mediada pelos ensinamentos de um mestre. No prefácio do livro, Coelho diz o seguinte sobre seus estudos de alquimia:

> Descobri que a linguagem simbólica, que tanto me irritava e me desnorteava, era a única maneira de atingir a Alma do Mundo, ou o que Jung chamou de "inconsciente coletivo". Descobri a Lenda Pessoal, os Sinais de Deus, verdades que meu raciocínio intelectual se recusava a aceitar por causa de sua simplicidade. Descobri que atingir a Grande Obra não é tarefa de poucos, mas de todos os seres humanos sobre a face da Terra. [...]
>
> Por isso, *O alquimista* é também um texto simbólico. No decorrer de suas páginas, além de transmitir tudo que aprendi a respeito, procuro homenagear grandes escritores que conseguiram atingir a Linguagem Universal: Hemingway, Blake, Borges (que também utilizou a história persa para um de seus contos), Malba Tahan, entre outros.[11]

O núcleo ideológico permanece irretocado: a intelectualização é óbice para a conquista da simplicidade, a "Grande Obra" é tarefa aberta a todos. A essas referências já estabelecidas o

---

11 Id., *O alquimista*. São Paulo: Planeta, 2006, p. 3. A menção a Malba Tahan se repetirá no discurso de posse de Coelho na Academia Brasileira de Letras, conforme veremos adiante.

livro acrescenta a ideia de "Lenda Pessoal", descrita nos seguintes termos:

> É aquilo que você sempre desejou fazer. Todas as pessoas, no começo da juventude, sabem qual é a sua Lenda Pessoal. Nessa altura da vida, tudo é claro, tudo é possível, e elas não têm medo de sonhar e desejar tudo aquilo que gostariam de fazer em suas vidas. Entretanto, à medida que o tempo vai passando, uma misteriosa força começa a tentar provar que é impossível realizar a Lenda Pessoal.[12]

Ou seja, a "Lenda Pessoal" é uma variante do "Bom Combate", ambos remetendo à adolescência como idade social da experimentação dos caminhos possíveis (ou que assim se afiguram, mesmo que imaginariamente) e desse modo de adiamento das determinações, privilégio dos que, afastados das urgências mais imediatas, podendo dispor do tempo, podem hesitar entre escolhas excludentes, conforme a análise de Bourdieu sobre as personagens de Flaubert em *A educação sentimental*.[13] A valentia que levará às conquistas está numa protensão do tempo inscrita em frases como "Nunca desista dos seus sonhos";[14] ou ainda "Quando você deseja uma coisa, todo o Universo conspira para realizá-la".[15] O universo ficcional do livro ancora-se ainda numa espécie de remissão universal de cada coisa a todas as outras, monadologia esotérica no princípio da "Alma do Mundo" e na linguagem universal capaz de decifrá-la: "[...] qualquer coisa na face da Terra pode contar a história de todas as coisas".[16]

Aliado ao efeito de retenção do tempo, esse dispositivo reforça um sentido geral de identidade oculta entre os entes do

---

12 Ibid., p. 38. **13** Cf. Pierre Bourdieu, *As regras da arte*. São Paulo: Companhia das Letras, 1996. **14** Paulo Coelho, *O alquimista*, op. cit., p. 77. **15** Ibid., p. 78. **16** Ibid., p. 118.

mundo e de cada um deles com o todo, de modo que a descoberta de si (a lenda, lembremos, é *pessoal*) equivale ao encontro e desvelamento de um outro em que se pode espelhar. De algum modo, portanto, esse outro nada mais é do que o mesmo que se singulariza e reconhece sua singularidade no mesmo ato, e pode ver nesse duplo aquilo que lhe fora vedado sobre si e seu destino até que o treinamento o predispôs para a iluminação súbita. É nesse sentido que o tempo é neutralizado, dado que as idades da vida são equivalentes em relação ao momento em que cada um descobre seu caminho: tudo que veio antes era já sua prefiguração, e tudo que vem depois é seu desdobramento. Não é outra a temporalidade das lendas, o presente eterno das parábolas, a recorrência estática da sabedoria imóvel e inamovível a ser narrada em variantes formais já assentadas pela tradição. É nesse sentido que há acontecimentos, mas não história, nas narrativas de Coelho; e a diferença só se realiza na identificação — entre discípulo e mestre, entre *eu* e *outro*, e tudo entranhado na identificação final entre escritor e leitor, pervasiva aos procedimentos de escritura e também de encenação de autoria praticadas.

4.
Mais livros

A reconstituição dos enredos e do núcleo simbólico dos livros que impulsionaram a carreira de Coelho teve como intento avançar um argumento que possa dar conta de seu sucesso, atendo-se às características dos textos. Se pensarmos o universo esotérico, fonte das narrativas mais rentáveis em vendas nos anos 1990, como uma espécie de metafísica popular (ou pop), Paulo Coelho introduz seu leitor nesse universo esvaziando-o da necessidade de conhecimento iniciático que ele suporia. Há uma série de referências herméticas — a Tradição, a Ordem de RAM, os Caminhos etc. —, mas há, pondo-as de lado, a assertiva decisiva de que tudo se dissolve no entusiasmo com que se persegue o próprio desejo, lição aberta a todos. Há uma transcendência colada no mundo, universalmente acessível no plano do cotidiano e das questões concretas da vida. De tal modo que um leitor refratário às linguagens e aos universos esotéricos e às passagens que, desse ponto de vista, soariam inverossímeis nos livros pode ainda eventualmente aderir a seu núcleo temático, tangenciando-os sem tomá-los como centro. Tudo se passa como se Coelho pusesse à disposição do leitor a dificuldade dos temas, para em seguida desconstruí-la opondo-lhe uma ética da simplicidade. Desse modo, os meandros da decifração dos segredos e da operação com o material esotérico estão reservados ao iniciado, mas sua resolução prática está à disposição de todos; e, com isso, o especialista atua diante do leitor como ponte entre esotérico e exotérico, transcendente e intranscendente, extraordinário e ordinário; acendendo neste a chama da autorrealização.

O papel do autor, no entanto, só é eficaz graças a um manejo da linguagem que, evitando qualquer sofisticação na escolha dos termos e nas ligações sintáticas, bem como no uso dos recursos literários — do contrário, indiferente quanto à reprodução do lugar-comum —, elide a distância social entre autor e leitor. E, o que é ainda mais decisivo, as separações sociais que atuam na possibilidade diferencial de permanência do "tempo dos sonhos" também foram apagadas, como vimos. Com isso seus livros inscrevem-se num padrão de universalidade indiferente ao tempo e ao lugar — o que dificultou sua inscrição na tradição literária nacional, que acomoda mal a "forma fábula" ao menos no setor da literatura culta, talvez porque nela a integração do que há de singular na ambientação — entendida aqui como a paisagem mais geral do mundo narrado e do interior dos personagens — com a dinâmica da linguagem é acessória. A operação de universalização a partir do desenraizamento tem ainda o condão de atrelar a passagem do tempo a um futuro sempre em aberto e confinar a vivência pessoal mais rica à experiência da ruptura, cuja alegoria por excelência é a viagem ou a peregrinação. Tudo somado, abre-se para o leitor o mergulho numa leitura de evasão, que dá a seu sujeito a possibilidade de controle, pouco importa se ilusório, do tempo da vida — *desta* vida, detalhe que ao menos no plano simbólico reconverte a evasão em direção a seu ponto de origem ("evasão para o mundo", conforme a expressão de Sérgio Buarque de Holanda comentando a poesia de Manuel Bandeira, conforme veremos no capítulo 2), à experiência mais geral da vida imediatamente anterior àquela pontual da leitura do livro, transformada em possível veículo de transmutação em outra vida (interior) que se passa no mesmo meio exterior à consciência. Nesse plano, a ideia de transformação é oferecida como possibilidade real e eficaz: pode fazer recuar as determinações; anular as constrições que se opõem ao desejo, de modo que as escolhas parecem reversíveis até que se encontre o *caminho*, o *Bom Combate*, a realização da *Lenda Pessoal*: voltando ao mote simbólico da viagem, registre-se que seu desdobramento factual nos deslocamentos constantes dos personagens no espaço está presente na quase totalidade de seus relatos.

Esse núcleo ideológico, mensagem a ser transmitida, mantém-se constante ao longo de toda a obra, sob diferentes roupagens temáticas, arranjos narrativos e calibragens da transcrição ficcionalizada das experiências pessoais, mais diretas nos primeiros livros. A partir de *Na margem do rio Piedra eu sentei e chorei*, de 1994, Coelho passa a escrever também narrativas mais descoladas de suas vivências, além de histórias curtas, colunas em órgãos de imprensa e artigos em que se coloca diante de questões culturais e políticas do momento. Os romances reiteram a mensagem reescrevendo-a em novas sínteses conceituais e variações temáticas: a busca da "outra parte" para a realização do amor em *Brida* (1990); a comunicação com os anjos em *As Valkírias* (1992), que retoma a busca do oculto no "caminho das pessoas comuns";[17] a questão da face feminina de Deus em *Na margem do rio Piedra eu sentei e chorei* (1994). Em *O Monte Cinco* (1996), Coelho revisita a história bíblica do profeta Elias; já o livro de 1998, *Veronika decide morrer*, baseado nos episódios de internação psiquiátrica do autor, marca uma inflexão em

17 Na nota que serve de introdução ao livro, que remete ao período passado pelo autor no deserto do Mojave na companhia da esposa, a artista plástica Christina Oiticica, Coelho faz um alerta ao leitor: "O leitor que se dispuser a ler *As Valkírias* precisa saber que este livro é muito diferente de *O diário de um mago*, *O alquimista* ou *Brida*, títulos que o precedem. [...] *As Valkírias* mostra claramente o homem que existe por detrás do mago, e isto poderia decepcionar alguns poucos que estão em busca de 'seres perfeitos', com verdades definitivas a respeito de tudo". Nesses termos, fica explícita a mudança no registro biográfico que encerra a primeira trilogia que o levara ao sucesso.

direção a uma abordagem mais realista, que abandona em *O demônio e a srta. Prym*[18] (2000), outra fábula sobre a transformação interior, assim como *Onze minutos* (2003), dessa vez retomando o realismo; o narrador de *O Zahir* (2005), não nomeado, é descrito expressamente com os traços do autor, e pode-se incluir nisso a nova referência no título a Jorge Luis Borges; *A bruxa de Portobello* (2006), protagonizado por uma personagem feminina, gira em torno da descoberta de si. Ainda em relação à forma, é importante voltar ao sentido da "simplicidade" do escritor, que combina estrutura narrativa linear pontuada de cortes para a interposição de narrativas acessórias ou digressões doutrinárias de modo a encontrar um equilíbrio entre a armação da narrativa e seu conteúdo simbólico; equilíbrio que se resolve por meio do uso da "fábula", agora entendida propriamente como estrutura formal dos diferentes registros dos relatos, capaz de adequar-se àquela organização temporal do conteúdo que caracterizou as primeiras obras. Ou seja, a fábula como forma — ou fórmula —, nos termos descritos, permanece como vértebra dos livros, mas há diferentes gradientes em seu emprego: fazendo variar o nível de aprofundamento da caracterização do enredo e dos personagens, a dispersão dos incidentes da trama e das interpolações do fluxo da narrativa,

---

18 Na "Nota do autor" que abre esse livro, Coelho esclarece: "Com *O demônio e a srta. Prym*, eu concluo a trilogia *E no sétimo dia...*, da qual fazem parte *Na margem do rio Piedra eu sentei e chorei* (1994) e *Veronika decide morrer* (1998). Os três livros falam de uma semana na vida de pessoas normais, que subitamente se veem confrontadas com o amor, a morte e o poder. Sempre acreditei que as profundas transformações, tanto no ser humano como na sociedade, ocorrem em períodos de tempo muito reduzidos. Quando menos esperamos, a vida coloca diante de nós um desafio para testar nossa coragem e nossa vontade de mudança; nesse momento, não adianta fingir que nada acontece, ou desculpar--se dizendo que ainda não estamos prontos". Nas expressões "vida das pessoas normais", "profundas transformações", "desafio", "coragem", "vontade de mudança" fica nítida a homogeneidade da obra, conforme tentei mostrar.

o modo de construção da representação intentada se deixa ver (e ler) com maior ou menor transparência e imediatez, singularizando cada nova obra.

Um bom exemplo disso é a nova variação estilística representada pelo livro de 2008, *O vencedor está só*, seja pela trama em si, alegoria sobre a ambição que envolve assassinato e se passa em um único dia, seja porque tudo se dá na cidade de Cannes, e durante o festival de cinema. Por outro lado, o título dessa empreitada urbano-cosmopolita é significativo se o pensarmos como autorreferencial: quase vinte anos após a vitória, o vencedor da corrida pela popularidade e retorno financeiro está só, apartado pelo amálgama de reconhecimento público, descrédito crítico e desprezo entre os pares. Talvez essa condição ajude a compreender o "retorno às origens" nos próximos dois livros. Em *Aleph*, de 2010, há a volta do relato pessoal e da peregrinação entre diversos continentes, em busca do que o autor apresenta como uma reconquista ou renovação: de si mesmo, da relação com a divindade, do cuidado com o crescimento espiritual; já *Manuscrito encontrado em Accra* (2012) tem como núcleo, na Jerusalém às vésperas do combate aos cruzados, um discurso em praça pública não exortando à guerra, mas falando da importância da sabedoria nas lutas cotidianas. Outra é a unidade entre os dois próximos lançamentos, *Adultério* (2014) e *A espiã* (2016); a saber, a emancipação feminina, seja, respectivamente, no âmbito da ruptura entre a segurança de um casamento convencional e a realização representada pela entrega à paixão ambientada no presente, seja no enfrentamento das consequências de tornar-se sujeito de seu desejo conforme o fez a dançarina Mata Hari na Paris da belle époque.[19]

Se tomarmos isoladamente os livros dos anos 2000 e sobretudo 2010, Paulo Coelho teria deixado de ser best-seller,

---

19 O livro de 2018, *Hippie*, será tratado adiante, pelas razões que veremos.

embora continue vendendo bem. Segundo o site Publishnews, que desde 2010 compila resultados do mercado editorial, é o seguinte o desempenho de Coelho:

2010   *Aleph*, 12º mais vendido entre os livros de autoajuda;
2011-3 Não aparece entre os vinte primeiros em nenhuma lista;
2014   *Adultério*, vigésimo entre os livros de ficção;
2015   Não aparece em nenhuma lista;
2016   *A espiã*, 16º na lista de ficção;[20]
2017   Não aparece em nenhuma lista;
2018   *O alquimista*, 17º em ficção apenas na semana do dia 9/8, mas fica fora das listas anuais; *Hippie*, 15º em ficção no mês de maio e sétimo em agosto, mas não aparece na lista anual;
2019   Não aparece em nenhuma lista.[21]

A queda nas vendas ao longo de mais de trinta anos de atividade não chega a espantar, bem como o declínio correlato da presença de Coelho nos meios de comunicação e nas instâncias de sanção da qualidade literária; agora bem mais rarefeita, assim como o impacto dos livros nos meios culturais, a crítica não muda seu tom geral. Por outro lado, é preciso matizar a impressão de apagamento que pode resultar do contraste com o momento da explosão e a década que lhe segue, que poderia ser chamado de "boom Paulo Coelho", para recuperar o termo usado para denominar inclusive ondas literárias levadas a sério pela crítica erudita. De fato, Coelho está longe de ter sido esquecido por seus admiradores, como mostram os dados das

---

20 Nessa lista, o volume *Todos os contos*, de Clarice Lispector, aparece em 11º lugar. **21** Publishnews, <publishnews.com.br>. Acesso em: 10 out. 2020.

edições da pesquisa Retratos da Leitura no Brasil, realizada pelo Instituto Pró-Livro; convém, assim, acompanhar algumas informações significativas. Em 2019, Paulo Coelho era o 17º autor mais citado como o último lido/ou que se está lendo, o sexto entre os autores favoritos e o terceiro entre os mais conhecidos, mas nenhum livro seu aparece entre os 28 citados como o mais marcante pelos leitores, a exemplo do que ocorre na pesquisa anterior, de 2015; nesta, Coelho era o terceiro mais citado como leitura recente/atual, o sexto entre os favoritos e o terceiro entre os mais conhecidos. Em 2011, *O alquimista* é o 16º livro entre os mais marcantes, e seu autor, o terceiro mais conhecido. Nesse ano a questão sobre o autor favorito limitava-se a escritores brasileiros, e Coelho ocupa a terceira posição, ficando *O alquimista* na nona entre leituras recentes. No primeiro levantamento, de 2007, o mesmo livro é o décimo lugar como leitura marcante e o 25º entre os livros recentes, e seu autor, o segundo brasileiro mais admirado.[22] O que se depreende dessas informações é sem dúvida uma oscilação negativa em vendas e popularidade entre o público mais amplo de Coelho no Brasil, mas também permanência de sua presença e infiltração na morfologia do mercado de livros e no sistema literário nacional. E, para além dessa circunscrição, o recorde de oito anos (mais exatamente quatrocentas semanas) de presença ininterrupta na lista de mais vendidos do

22 A pesquisa variou algumas das questões em suas diversas edições; as informações recolhidas dizem respeito às rubricas "autor favorito", "último livro lido", "autor mais conhecido", "livro/autor mais marcante". Em 2007, os cinco autores brasileiros mais admirados são, pela ordem, Monteiro Lobato, Paulo Coelho, Jorge Amado, Machado de Assis e Vinicius de Moraes; para ficar em autores de que tratarei, Manuel Bandeira é o 14º e Clarice Lispector, a 25ª. Na pesquisa seguinte, os quatro primeiros são os mesmos, variando a ordem: Lobato, Machado, Coelho, Amado; na quinta posição fica Carlos Drummond de Andrade; Bandeira é o 16º e Clarice está em 19º, saltando para a nona posição em 2019, quando a questão inclui autores estrangeiros.

The New York Times teve fim apenas em 2016, as vendas internacionais também caem e se normalizam, mas a partir de um pico excepcionalmente alto, e ao menos o *long seller O alquimista* continua vendendo regularmente em quantidade e distribuição global, tendo sido, por exemplo, o 17º livro estrangeiro mais vendido na China em 2017.

Assim, parece não haver mudança substantiva nas últimas duas décadas na lógica de sedução do leitor conforme analisada, e manteve-se o engenho do autor em dotar o imaginário de seus leitores de controle indireto sobre o tempo de suas vidas, revelando a eles a potência desconhecida que fará recuar as condicionantes do que há de indesejado em seu presente. Essa lógica explica melhor o efeito de adesão obtido e seu caráter lábil, adaptável a diferentes realidades históricas e culturais locais do que a intencionalidade do autor como fator absoluto. Ou seja, Coelho vendeu muito e ainda vende bem não porque seus livros sejam produzidos para esse fim, mas porque são objetos simbólicos que mobilizam de modo eficaz um anseio que, se não for universal, é facilmente universalizável, dando à sua materialização sob a forma mercadoria um quê de contingência e de singularidade, pouco admitida pela crítica; ou, ao menos, silenciada pelo recurso à assimilação sem mais de sua produção ao apaziguamento conservador de consciências alienadas. E passado o "boom Paulo Coelho" dos anos 1980 e 1990, o juízo especializado sobre seus livros passa a ser menos frequente, mas mantém o tom negativo que pautou a primeira recepção, que é preciso especificar.

5.
Escritor

No momento em que Paulo Coelho desponta como líder no mercado editorial há um retraimento a seu respeito das instâncias a que cabe a sanção positiva ou negativa das obras com pretensão literária. De um lado a crítica especializada não reage de imediato, de outro sobra o silêncio dos pares — ou melhor, dos escritores estabelecidos que recusam Coelho como par, silêncio de cuja persistência é exemplo o episódio do debate na Bienal do Livro de 2010. Desse modo, o fenômeno Paulo Coelho tem mais repercussão como assunto jornalístico do que como objeto de reflexão, acadêmica ou mesmo na imprensa. Nos dois casos, a recusa da análise em profundidade é solidária à desqualificação do objeto. A crônica jornalística raramente escapa da assimilação da obra à categoria pré-dada de autoajuda; e, consequentemente, sua interpretação não avança muito além da identificação do individualismo narcisista como índice do sintoma social dominante, a ser realizado pela via de uma noção de felicidade vinculada ao sucesso material. Em muitas ocasiões Coelho manifestou seu desagrado com um rótulo sabidamente infamante para os cultores da literatura, reservado às obras de não ficção. Numa entrevista à revista *Playboy*, questionado sobre o tema, ele se posiciona a respeito:

P: Você acha bom ou ruim ser classificado como um autor de autoajuda?

R: Eu não acho nada, porque eu não me classifico. Eu tampouco sei o que eles querem dizer com isso. Se você me der uma definição agora de autoajuda, eu te respondo [...].

P: Livros de autoajuda são aqueles que se propõem a dar conselhos para o leitor, orientá-los [...].

R: O que não é absolutamente o meu caso, certo? Eu não oriento, eu não dou conselho. Por falta de conhecimento do meu trabalho, as pessoas vão pro rótulo mais fácil: autoajuda.

P: Mas muita gente, como os peregrinos do Caminho de Santiago, não chegam pra você e dizem: "Seu livro mudou a minha vida"?

R: Se eu ler Henry Miller e achar que minha vida se transformou, não vou dizer que Henry Miller é um autor de autoajuda.[23]

Pode-se questionar a recusa do papel de conselheiro, mas isso não impede a eficácia da desconstrução do rótulo *autoajuda*, evidenciando seu caráter de contradição performativa e seu desvelamento como gênero editorial e não literário; ou seja, a categoria revela sua inconsistência justamente porque não pode ser aplicada de modo a discriminar: ou bem toda ficção é autoajuda, na medida em que impacta a vida do leitor, ou nenhuma o é. Voltando ainda ao plano da consideração genérica que domina o comentário sobre a obra, quero sublinhar ainda uma vez o arremedo de explicação que aciona o mecanismo da causalidade direta: como todo produto da indústria cultural, os livros de Coelho seriam feitos sob medida para certo tipo de leitor, que busca justificação para a mediocridade de sua rotina por meio de uma espiritualidade (religiosa ou não) fácil de que se expurgou a culpa e o esforço — e, como adendo,

23 *Playboy*, n. 399, ago. 2008.

cuja qualidade estética rebaixada acena em direção ao mercado globalizado de livros.

Em relação à crítica acadêmica, a relutância em avaliar a obra é uma reação coerente em relação a um objeto de antemão indigno de seus instrumentos de análise. Nesse sentido, Davi Arrigucci Jr. respondeu com eloquência quando questionado pela revista *Veja* sobre o autor: "Não li e não gostei"[24] — frase que ecoa bem numa primeira leitura o desinteresse ostentado como troféu das camadas letradas, mas remete também a uma escolha orientada por um critério de gosto pessoal, que não desprezaria liminarmente o autor. De todo modo, não há grande novidade nessa oposição entre o sucesso mundano e a desqualificação no setor de produção restrita da literatura, expressão de autonomia do campo literário. Mas o fenômeno Paulo Coelho vai se tornando mais incômodo conforme seu pleito de ingresso nesse setor é bem defendido por ele com a mobilização de trunfos pouco ortodoxos como sua popularidade e penetração, o prestígio advindo da adesão de celebridades do mundo da política e das artes e, sobretudo, o acúmulo de prêmios e honrarias diversas, algumas com certo peso consagrador porque provenientes de instituições do mundo literário. Entre estes, o mais significativo é o Super Grinzane Cavour Book Award, um dos principais prêmios literários italianos, concedido em 1996. Entre as comendas, destacam-se a de Chevalier de l'Ordre National de la Légion d'Honneur, entregue pelo governo francês em 2000, o Crystal Award do Fórum Econômico Mundial de Davos e o título de Mensageiro da Paz da ONU, concedido em 2007. Some-se a isso, como indicador não menos relevante de seu desempenho internacional, os elogios recebidos por escritores como o prêmio Nobel de literatura Kenzaburo Oe ou o semiólogo e romancista

24 *Veja*, 15 ago. 1998.

Umberto Eco.[25] A eleição para a Academia Brasileira de Letras (ABL), em 2002, tornará mais difícil a estratégia até então não muito questionada de fingir que Paulo Coelho não conta no jogo da literatura, postura bastante diferente, via de regra, dos países em que foi traduzido. De fato, no plano internacional ele conquista com maior facilidade o reconhecimento do desejado estatuto de escritor (não necessariamente de grande escritor), mas no âmbito interno existe para o meio intelectual apenas como fenômeno sociológico, eufemismo para um desinteresse que, mais uma vez, preserva a hierarquia dos objetos legítimos mantendo intocada a cidadela da literatura. E a abordagem como fenômeno social operou já a sutil discriminação que separa o literário numa suposta esfera não social; no entanto, como é preciso então não ir ao texto, as análises via de regra têm dificuldade em entender o que distingue o escritor (ao menos perante seu público), posto no plano genérico dos produtores de artefatos simbólicos destinados, como vimos, à produção de consolo e/ou alienação, reafirmando um estilo de vida conformista. Ou seja, mesmo admitindo que a leitura de Coelho possa ter algum efeito nessa direção, sobra a questão impensada a respeito dessa eficácia mesma, exponencialmente superior aos inúmeros rivais que teria nesse campo. Um artigo publicado na revista *The New Yorker* de 7 de maio de 2007 exemplifica bem esse ponto:

> Seu talento especial parece estar na habilidade de falar para todos de uma só vez. O tipo de espiritualidade que ele abraça é aberta a todos os recém-chegados. Seus princípios estão em dizeres como "Todas as coisas são uma";

25 Em entrevista que reuniu Coelho e Eco feita pela revista alemã *Focus*, o semiólogo revela ter sido profundamente tocado por *Veronika decide morrer*, seu livro favorito de Coelho. "O mago encontra o cético". *Época*, 13 dez. 2010.

"Quando você quer algo, o universo conspira para que você consiga"; e "O extraordinário encontra-se sempre no caminho das pessoas comuns". Ele é um professor tolerante — "Não é pecado ser feliz", escreve — e empático. Em suas memórias e nas introduções de seus romances, ele enfatiza as próprias falhas e derrotas, perdoa a si mesmo por elas, e, por extensão, perdoa as de seus leitores.

As tramas de Coelho tendem a ser alegóricas, e seus leitores com frequência dizem ver suas próprias vidas em seus livros. Seus personagens, apesar de nominalmente diversos [...], são de algum modo indeterminados, suas características nacionais não têm grandes consequências culturais, suas lutas são universalizadas. A escrita é sem adornos e agradável de ler.[26]

Chama a atenção no artigo a tentativa de compreender sem mobilizar qualquer prejulgamento, a partir da forma e da substância dos livros, e a solução coincide em parte com a que esbocei, ao dar relevo ao tipo de vínculo entre autor e leitor que o engenho do escritor produziu. Ao mesmo tempo, o texto não adere ao ponto de vista do autor, mantendo uma distância algo irônica, mas ao mesmo tempo empática, de suas práticas, procedimento que emprega também nos trechos em que reproduz os dizeres de alguns de seus críticos brasileiros no decorrer do artigo. Não vou comentar esse ponto, mas ressalto que as condições mesmas de emergência de um artigo com esse teor não estavam presentes no cenário brasileiro nesse momento, nem na imprensa nem na academia. O texto pode exemplificar o que me parece ser a diferença fundamental entre a recepção de Coelho no Brasil e, para ficarmos em

---

26 Dana Goodyear, "The Magus". *The New Yorker*, 30 abr. 2007. Consultado na versão digital em out. 2020.

dois dos centros da "república mundial das letras", na França e nos Estados Unidos: o predomínio, entre nós, de três estratos construídos por pontos de vistas que sustentam sua diferença associando-a a um corte no plano ontológico, a uma diferença de objeto; quais sejam, o jornalismo que registra fatos, as ciências sociais que analisam fenômenos e os estudos literários que interpretam o que definem como literatura. Assim, a verdadeira literatura deve ficar na mão dos profissionais, cabendo aos profanos (a maior parte dos jornalistas e dos cientistas sociais) tratar eventualmente da pseudoliteratura nos limites de seus registros específicos, silenciando sobre a grande literatura, conspurcada como tal no momento mesmo em que se a instituem como objeto independente do crivo erudito dominante. No caso dos outros países citados, podemos encontrar divisões análogas, mas a arma da desqualificação tem menor peso, de modo que os livros ganham assento no mercado e no mundo literário para então, e enquanto seus ocupantes de pleno direito, se tornarem objeto de veiculação, análise, interpretação e juízo crítico. É revelador, nesse sentido, o argumento comumente usado para explicar o fato de Paulo Coelho ser levado mais a sério fora, ao menos comparativamente, alegando que as traduções melhoram seus escritos, permitindo-lhes atingir a qualidade mínima que faria a passagem do falso ao verdadeiro, da mercadoria à literatura. A leitura das versões de *O alquimista* publicadas nos Estados Unidos e na França, que tomo aqui como amostra por serem seus maiores sucessos internacionais, não me pareceu indicar nada de decisivo nesse sentido, com a ressalva de minha ausência de expertise em tradução. De todo modo, ressalte-se que a primeira versão do livro para o inglês foi publicada pela editora Harper Collins, então líder do mercado editorial, em 1992, com tradução de Alan Clarke, empresário e tradutor juramentado que trabalhara no Brasil e cuja única experiência anterior na área fora a versão de *O diário de um mago* para a mesma editora. O caso francês é diametralmente oposto: saindo em 1994 pela pequena Éditions Anne Carrière, *O alquimista* foi traduzido pelo especialista Jean Orecchione, que já havia vertido para o francês a obra completa de Jorge Amado — com resultados que não fomentaram a crítica implícita na sugestão de havê--la melhorado;[27] em paralelo, a primeira recepção crítica do livro, recém-lançado em Nova York e Paris, em oposição ao que se deu no Brasil, é bastante favorável na grande imprensa, com o detalhe significativo de não tratar o livro na escala da grande literatura, uma das chaves para a desqualificação vinda dos meios acadêmicos.[28]

No âmbito da crítica universitária, ainda a detentora mais legítima do poder de consagração nos anos 1990 e 2000, foram escassas as vozes que enfrentaram o desafio representado pela "literatura" de Coelho; salvo engano, há uma única análise em profundidade de um livro seu produzida por um nome de peso no universo acadêmico das letras ainda nesse primeiro momento: trata-se da resenha do livro *Onze minutos* (2003), feita por João Alexandre Barbosa no número 70 da revista *Cult*, do mesmo ano, logo após a eleição para a ABL. Vale acompanhar alguns meandros da argumentação, que me parece expressiva de uma concepção algo essencialista de literatura, dominante nos círculos intelectuais, para expor as razões que a fazem rejeitar Coelho.

---

27 Consultei as seguintes reedições, que usam as mesmas traduções: Paulo Coelho, *The Alchemist*. Nova York: HaperOne, 2005; id., *L'Alchemiste*, Paris: J'Ai Lu, 2007. **28** A biografia escrita por Fernando Morais reserva dois capítulos para a reação crítica à obra de Coelho no Brasil e um para o exterior, procurando exacerbar o contraste de avaliações internas e externas. Há certa redundância nos respectivos elogios e reparos (que o biógrafo chama de "esquartejamento público"), estes em plena consonância com a interpretação em desenvolvimento aqui, razão pela qual considerei ocioso transcrevê-los.

Em seu texto, após mencionar o uso criativo que Baudelaire e Flaubert fazem do lugar-comum, Barbosa diz o seguinte:

Em ambos os exemplos, a originalidade incontestável dos criadores não está no tema (ou apenas no tema, porque o seu tratamento é de tal forma que o próprio tema já não se reconhece com facilidade), mas na renovação literária a que foi submetido. Desse modo, creio que se pode afirmar que a espinhosa questão do valor das obras literárias encontra um elemento de grande auxílio na reflexão que se dá no intervalo entre a tópica e a retórica, vale dizer, entre tema recorrente e o tratamento especificamente literário. Acrescente-se que a utilização consciente da tópica tem sido, ele mesma, um tema recorrente da literatura moderna. Mas é, quase sempre, uma utilização estratégica, porque consciente, visando, ao fim e ao cabo, a uma renovação que se realiza, muitas vezes, por problematização construtiva, o que significa uma reconfiguração, do próprio lugar-comum. Não é o caso, por exemplo, do último livro de Paulo Coelho que fui capaz de ler por inteiro, não obstante repetidos impulsos de desistência, e que se intitula *Onze minutos*. E o impulso de desistência, enfim domado, vinha precisamente de que aqui não se trata de utilização, mas de rendição total ao lugar-comum, em que a tópica é de tal forma devastadora que os exercícios de retórica apenas servem de confirmação para sua acentuação.[29]

O esforço analítico de Barbosa consiste, a meu ver, em construir uma definição ad hoc de literatura feita sob medida para excluir seu objeto, que abusa do recurso ao chavão e aos

---

29 João Alexandre Barbosa, "Dentro da Academia, fora da literatura". *Cult*, São Paulo, n. 70, p. 32, 2003.

estereótipos de linguagem. Note-se que, se afinal os grandes autores também se servem do lugar-comum, o fazem de modo "especificamente literário". O argumento não escapa da circularidade, da petição de princípio: é literário o manejo literário do lugar-comum. Há um trecho do texto em que o crítico parece se dar conta disso:

> Por todo o livro, e não se espante o leitor de minha afirmação, passa, entretanto, uma mestria singular: uma espécie de radicalização do lugar-comum que, consciente ou não, confere ao livro um valor coerente, embora negativo, não havendo em nenhum momento traço de originalidade.[30]

O veio casuístico do critério mobilizado pelo crítico sugere que outro em seu lugar, menos previamente armado, poderia revolver o paradoxo detectado com precisão de modo positivo, atribuindo consciência (ou ao menos habilidade) à radicalização do lugar-comum — não creio que essa consciência ou sua ausência estejam patentes como uma propriedade do próprio texto, tratando-se mais de uma questão de atribuição pelo leitor —, concluindo então que forma e matéria/mensagem estão em perfeito alinhamento: dizer o "intranscendente" do transcendente só se realizaria literariamente numa relação de transparência plena entre linguagem e mundo narrado. Teríamos então outro critério para o literário, tão contingente e quiçá tão válido e bem armado quanto aquele presente na resenha.

Mas o procedimento de Barbosa é absolutizar um critério do literário, que não coincide inteiramente com o projeto do escritor, para indigitar sua escrita como não literária. O caráter seletivo da operação fica patente em outro momento do texto: "Embora sábio e astuto no uso daquilo que,

---

30 Ibid., p. 34.

lugar-comum, já é esperado pelo leitor, Paulo Coelho nada reconfigura em termos narrativos que pudesse justificar a publicação de um romance".[31]

Ou seja, só merece publicação aquilo que, comparável a Baudelaire e Flaubert, reconfigura narrativamente seu material em termos novos. Está fora de discussão a validade, ainda que contingente, desse padrão, mas tudo depende da plasticidade criteriosa de sua aplicação; desse modo, o exercício imaginário de expandi-lo para toda literatura contemporânea produzida no Brasil, com a mesma calibragem estrita usada para Coelho, redundaria em aproximá-lo de muitos de seus colegas (mesmo aqueles que assim não se consideram), e não deixaria boa parte do que se faz em pé. De todo modo, o uso seletivo de um critério colado ao cânone da tradição para o juízo crítico de uma escrita que se encaixa mal aí é o ponto que quero enfatizar, porque revela o mal-estar da crítica provocado pela obra de Coelho. Por outro lado, é muito significativa a mobilização dos exemplos de Flaubert e Baudelaire, justamente dois dos personagens a que Bourdieu credita a invenção do escritor-artista, pela recusa das figuras simétricas do escritor burguês e do escritor popular, colocando-se a serviço só de sua arte, passo decisivo para a inauguração da clivagem entre autores "puros" e "comerciais", fórmula que se converterá na lei imanente do campo literário, cuja perenidade o caso Paulo Coelho parece referendar. Vale lembrar ainda que o artigo de Barbosa se intitula "Dentro da Academia, fora da literatura", bastante eloquente quanto à necessidade de resolver o incômodo por meio da exclusão; sendo esta em si mesma elemento a ser interpretado, aproveitando o texto do resenhista, por seu alcance, limites e radicalidade, como típico-ideal em relação à concepção mais purista da literatura.

31 Ibid., p. 35.

Talvez importe menos estar dentro da academia estando fora da literatura (Paulo Coelho não seria o único exemplo) do que estar dentro do mercado, ou melhor, no topo do mercado ostentando um projeto expressamente literário, mesmo que em seus próprios termos, base da reivindicação o tempo todo reiterada para si do título nobiliárquico de escritor e mesmo de intelectual tão marcante em suas manifestações — incluindo o uso da provocação mais incisiva como recurso de defesa, a exemplo da reivindicação, reiterada em diversas ocasiões em declarações à imprensa, de escritor de vanguarda, ou ainda de maior intelectual brasileiro. A questão que emerge desse conjunto de circunstâncias é a impossibilidade de a crítica manter o pressuposto de uma comunidade hipotética de leitores que partilham seus valores, até pelo simples gradiente empírico do público de Coelho. A relação entre escritor, leitor e mundo narrado escapa ao controle de um sentido literário suposto ou preconizado que já estaria no texto, como prêmio a ser conquistado pelo leitor suficientemente aguerrido e preparado, só acessível aos cultivados na tradição e cuja sensibilidade inata para os verdadeiros valores literários foi bem treinada pela leitura e incorporação da definição legítima de literatura. Nesse sentido, o tratamento reservado a um autor como Paulo Coelho revela um aspecto da intelligentsia brasileira que um autor como Raymond Williams não hesitaria em qualificar de conservadora, já que pensa a cultura como esfera autônoma, sem relação com a vida cotidiana, espécie de reserva do espírito em que se produziriam exclusivamente as grandes obras; em paralelo, literatura remeteria apenas à materialização da linguagem abstrata do humano, que caberia à crítica reconhecer e preservar, ou reconhecer para preservar.

O sucesso de Paulo Coelho produz um curto-circuito nesse mecanismo: sua literatura de comunicação imediata dá clareza ao enigma; o efeito de adesão que provoca quebra a comunidade imaginada — e eventualmente imaginária — dos cultores do que haveria de mais elevado no "espírito humano"; sua postura de pop star que transita sem grandes reservas por todas as modalidades de mídia desafia a circunspecção — ou o escândalo — que se espera do homem de letras, enquanto sua autoidentificação como escritor brasileiro insulta a tradição e a versão do passado literário entronizado por ela. Que tudo isso se dê sob o mote da espiritualização instrumental da vida é mais que simples ironia, remetendo talvez a um rebaixamento da experiência de que Paulo Coelho pode ser ao mesmo tempo produto e sujeito, mas é também o artesão que soube plasmá-la em seus escritos numa forma eficaz de comunicação com seus leitores reais, afetando-os na corda sensível da ordenação do sentido de sua experiência (e, parafraseando Bourdieu, em sua experiência do sentido). No artigo citado na introdução, Goffman comenta a estratégia do conferencista que, em vez de evocar de saída a autoridade implicada em sua posição, coloca-se como simples membro da reunião, tornando-se assim "acessível por procuração", e fazendo de si mesmo um "modelo de comportamento em relação a suas próprias pretensões à eminência".[32] O posicionamento de Coelho em relação a seus leitores parece seguir exatamente essa lógica, que se inscreve na linguagem, e é então que a eminência alcançada, solapando a autoridade da posição, e portanto heterodoxa e agressivamente desafiadora, não pode ser admitida sob pena de pôr em crise o sistema. Esse sucesso (popular) dentro do malogro (erudito) condiciona e é condicionado pela estratégia de autor adotada, isto é, pela continuidade entre imagem e linguagem. Analisando os retratos (fotográficos) de escritores, Louette e

32 Erving Goffman, op. cit., p. 193.

Roche[33] apontam o caráter exemplar dessas imagens, que tem menos função de identidade ou identificação (na rua, nos espaços públicos ou nos meios de comunicação) que de tornar a exibição de si emblema de sua qualidade misteriosa de escritor e assim da exemplaridade específica que o autor assume. Via de regra, o que veste com segurança a roupagem, o equipamento de identificação visual próprio do escritor, o faz manipulando a ilusão de que "ver o rosto é descobrir o segredo da obra". Mas no caso de Coelho, mais uma vez, dá-se uma reversão da lógica graças à continuidade entre corpo (ou seu modo de apresentação) e linguagem: o retrato é tão assimilável — e consumível — como o livro, pois ambos remetem à mesma pessoa, a ser percebida, sem ambiguidade, e eventualmente com ingenuidade, como fundamento direto da obra.

---

33 Jean-François Louette e Roger-Yves Roche, *Portraits de l'écrivain contemporain*. Paris: Champs Vallon, 2003.

6.
Artesão competente

Não são muitos os exemplos de contraponto consistente aos procedimentos de desclassificação expostos nos comentários aos escritos de Coelho, mas há ao menos dois que vale acompanhar: procedentes das letras e da imprensa, servirão para introduzir um outro viés possível, com o condão de desnaturalizar a doxa do campo literário convertida em critério absoluto do juízo crítico.

Em 1986, o poeta e ensaísta José Paulo Paes publicou no *Jornal de Letras*, do Rio de Janeiro, o artigo "As dimensões da aventura", sobre o romance de aventuras, tema retomado dois anos depois na conferência "Por uma literatura brasileira de entretenimento", promovida pela Universidade Estadual de Campinas (Unicamp).[34] Mesmo não sendo possível afirmar que Paes já conhecia *O diário de um mago* ou *O alquimista*, recém-publicados na ocasião de sua conferência, e levando em conta ainda a ausência de qualquer referência a Coelho nos textos, a abordagem parece aplicar-se bem ao tipo de produção deste. Entre as características do gênero romance de aventura descritas no primeiro artigo, Paes destaca a combinação entre os registros do mito e do naturalismo, o primado do acontecimento na trama e a ausência de profundidade psicológica das personagens (como se o domínio da ação impusesse o caráter

---

[34] Os textos de Paes estão incluídos na coletânea *A aventura literária* (São Paulo: Companhia das Letras, 1990).

plano destas) — três marcas imediatamente identificáveis na ficção de Coelho —, todas concorrendo para fazer a narrativa convergir para o romance de formação. E que, na visão do crítico, em si não implicam rebaixamento do valor da obra:

> O propósito confesso do romance de aventuras é, afinal de contas, menos o de, através do poder persuasivo da literatura, despertar a consciência crítica do leitor para o problema do mundo e da vida, do que entreter-lhe a imaginação, fazendo-o esquecer a banalidade do cotidiano para reviver as proezas dos heróis de ficção. [...] Daí também que a crítica bem-pensante costume relegar ao plano da subliteratura — eufemisticamente chamada de "paraliteratura" pelos franceses — a ficção aventureira, tão popular no século XIX e nos primeiros decênios do nosso século, mas hoje definitivamente suplantada pelos seus sucessores naturais — as histórias de espionagem e de ficção científica. Que o romance de aventuras visa apenasmente à diversão de seus leitores, e a nenhum outro propósito mais "sério", como a ficção canhestramente designada por este mesmo adjetivo, é fato sabido e consabido.[35]

Pode-se discutir que romances de Coelho se aproximam mais ou menos dos paradigmas descritos para o romance de aventura e, sobretudo, questionar se o projeto de Coelho não inclui, a seu modo, trazer para o primeiro plano o questionamento existencial, que restaria tipicamente como pano de fundo dessas narrativas. Por ora, deixemos esses aspectos de lado e concentremo-nos na abrangência da concepção de literatura mobilizada por Paes, que desdenha as duas pontas da rotulação erudita: a "paraliteratura" é o simétrico oposto da ficção (canhestramente

---

35 Ibid., p. 15.

designada como) "séria". Isso não equivale a desconsiderar a assimetria que possa haver entre diferentes tipos de literatura do ponto de vista do rendimento puramente estético, mas permite aproximar o romance de aventura da produção "séria" ao menos num sentido:

> Refiro-me antes e sobretudo a autores como Mayne Reid, Emilio Salgari, Edgar Rice Burroughs, Rafael Sabatini etc., autores menosprezados pela crítica sob a alegação de serem "comerciais", mas que, pela sua competência e dedicação a uma modalidade de literatura tida por "menor", aliciaram milhões de leitores, ensinando-lhes desde cedo o prazer da leitura e preparando-os para a ulterior fruição de obras literárias de maior complexidade e de maior ambição de propósitos.[36]

Há ainda um requisito para que a literatura "menor" dos autores "comerciais" cumpra sua função de ponto de partida para a exploração do universo literário: a garantia de que o "mundo do desejo simbolicamente figurado no romance" não seja "a negação da realidade, mas uma versão possível dela", seguindo os termos empregados por Paes. Note-se aí as ideias interligadas de um papel formador atribuído à literatura "menor" (e o novo emprego da categoria erudita "romance de formação" como aquele que forma leitores) e o enraizamento da evasão no mundo, como figuração de uma parte do vivido, o que dá margem à valorização dos efeitos de entretenimento e distração produzidos, problema a que voltarei.

A conferência de 1988 avança na direção estabelecida já a partir do título, que a aproxima do manifesto. O romance de aventura cede espaço para a categoria mais geral de literatura

36 Ibid., p. 16.

de entretenimento, e o foco da análise desloca-se para a produção brasileira, acentuando o tom metacrítico. Assim, por exemplo, no comentário ao romance sentimental (uma das espécies da literatura de entretenimento) de José Mauro de Vasconcelos:

> Tendo começado a sua carreira pelo romance social em voga nos anos 40, José Mauro se dedicou depois a um tipo mais ameno de ficção que o iria popularizar. A agressividade com que certos críticos se voltaram contra ele, julgando-lhe o desempenho unicamente em termos de estética literária, em vez de analisá-lo pelo prisma da sociologia do gosto e do consumo, mostra a miopia de nossa crítica para questões que fujam ao quadro da literatura erudita.[37]

Ao diagnóstico sobre a miopia da crítica Paes associa a questão da quase inexistência de uma literatura brasileira de entretenimento, peça importante de um sistema literário mais orgânico, e elege algumas razões para a assimetria em termos de volume, impacto e qualidade entre a literatura de entretenimento e a literatura erudita no Brasil. A primeira delas remete à competição com a televisão, setor que se estabelece concorrendo com a indústria editorial e pode assim realizar a substituição de importações no plano dramatúrgico (notadamente através da telenovela) que a literatura de entretenimento só logrou no ramo da produção voltada para o público infantojuvenil (único setor em que um autor brasileiro, Monteiro Lobato, sobrepujaria os best-sellers estrangeiros). De outro lado, essas razões ligadas à morfologia do público leitor e das instituições culturais desestimulam a profissionalização do "artesão despretensioso de cuja competência nasce a boa literatura de entretenimento". À figura típico-ideal do artesão, Paes opõe a

---

37 Ibid., pp. 34-5.

75

do literato, parcialmente dedicado ao mundo das letras de que recolhe o ganho simbólico que lhe basta:

> Numa cultura de literatos como a nossa, todos sonham ser Gustave Flaubert ou James Joyce, ninguém se contentaria em ser Alexandre Dumas ou Agatha Christie. Trata-se obviamente de um erro de perspectiva: da massa de leitores destes últimos autores é que surge a elite dos leitores daqueles, e nenhuma cultura realmente integrada pode se dispensar de ter, ao lado de uma vigorosa literatura de proposta, uma não menos vigorosa literatura de entretenimento.[38]

Parece-me que Paes acerta em cheio porque revela o efeito de tropismo da definição literária do literário, típica do caso brasileiro, implicando negar assento ao artesão competente no âmbito do entretenimento, posição que aproximo à de Siegfried Kracauer, que comentarei adiante. De todo modo, permanecerá no âmbito da especulação se a literatura de Paulo Coelho corresponderia, e em que medida, aos reclamos de José Paulo Paes. Objetivamente, os princípios estruturantes de sua linguagem parecem autorizar ilações nesse sentido; e a temática dominante dos best-sellers dos anos 1990 sugere classificar a ficção esotérica entre os subgêneros da literatura de entretenimento. Ou mesmo como literatura infantojuvenil, como defende o jornalista e escritor Ruy Castro em matéria para a revista *Elle* de agosto de 1996:

> Talvez seja esse o equívoco dos críticos de Paulo Coelho: levam-no mais a sério do que muitos de seus leitores. Esquecem-se de que seus livros pertencem a uma longa tradição da literatura infantojuvenil, que vem desde *O Pimpinela Escarlate*, da baronesa Orczy; *O Sheik*, de E. M. Hull,

---

38 Ibid., p. 37.

Ela e Ayesha: A volta de Ela, de H. Rider Haggard etc., passando pelos gibis de Tarzan, os seriados de Flash Gordon e os filmes de Steven Spielberg — dos quais nunca se exigiu que fossem mais do que adolescentes. Se há quem veja algo de "sagrado" nos livros de Paulo Coelho — como a geração anterior via de "filosófico" no lírico *O pequeno príncipe*, de Saint-Exupéry —, ponto para o autor.[39]

Aqui importam menos o rigor e a exatidão da interpretação dos livros de Coelho do que a reação às estratégias de desqualificação da crítica especializada, por uma razão muito próxima da de José Paulo Paes, qual seja, o erro classificatório que torna inconsistentes os referenciais do juízo crítico. Embora o texto de Castro não abra mão de certo desdém irônico ao destinar a obra ao público infantojuvenil, graças a seu suposto caráter pop-adolescente, que está longe da intenção do autor. Se a análise esboçada de seus primeiros escritos faz sentido, Coelho até pode ser entendido assim, desde que se atente para a noção sociológica da adolescência como fase de adiamento das determinações, sem qualquer marco cronológico, conforme comentei — ou ainda ao rebaixamento da experiência graças à infantilização da vida.

Em relação às avaliações mais gerais sobre o fenômeno cultural representado pelo tipo de literatura praticado por Coelho, vimos que seu sucesso comercial condicionou o tom geral das interpretações, fazendo-as girar quase sempre em torno de categorias como entretenimento, distração, divertimento etc., entre outras modalidades de alienação que sustentam o rebaixamento. Essas análises orbitam em torno da assimilação por vezes superficial da abordagem da cultura proposta pela Escola de Frankfurt, ou mais especificamente por Adorno. Mas

---

39 "Paulo Coelho: O mago dos milhões". Reproduzido em Ruy Castro, *O leitor apaixonado* (São Paulo: Companhia das Letras, 2009, p. 177).

a galáxia frankfurtiana abrange também certa valorização (circunstanciada) da "baixa cultura" ou da "cultura de massas", enfim, dos produtos estandardizados da indústria cultural — é o caso por exemplo da análise da cultura empreendida por Kracauer, intelectual próximo do grupo e interlocutor de Adorno, que poderia iluminar o debate por outro ângulo, mais ajustado a uma melhor compreensão do fenômeno Paulo Coelho.

Kracauer distancia-se de Adorno ao legitimar, ainda que parcialmente, os processos sociais de entretenimento: escrevendo sobre o romance policial, não se isenta de uma crítica da ideologia de formas culturais que oferecem uma espécie de autorrealização compensatória para os que precisam mascarar a rotina alienante de seu trabalho, e eventualmente associar a isso uma afirmação ilusória das microdiferenças no interior da condição geral dos "empregados"; no entanto, diferentemente da tradição com que dialoga, assinala a exigência de uma verdade imanente a *todas* as formas culturais como condição de sua difusão. Assim, em seu artigo sobre o "ornamento das massas":

> O papel que o ornamento da massa desempenha na vida social confirma que é um produto do meramente natural. Os intelectualmente privilegiados que, sem que o queiram de fato reconhecer, são um apêndice do sistema econômico dominante, ainda não perceberam o ornamento da massa como signo deste sistema. Eles negam este fenômeno para continuar a edificar-se nas exposições de arte que permaneceram intocadas pela realidade que está presente no modelo do estádio. A massa que adota espontaneamente este modelo é superior àqueles que o desprezam, quando ela reconhece de modo claro os fatos em estado bruto.[40]

40 Siegfried Kracauer, *O ornamento da massa*. São Paulo: Cosac Naify, 2009, p. 101.

O "ornamento" que serve de metáfora às fontes de distração não é um mero artifício, mas parte orgânica de uma estrutura, que compreende as exposições de arte e o "modelo do estádio", ligando num mesmo sistema simbólico pontas da realidade materializadas nos ambientes nobres e vulgares, na crítica e na distração. Ao intérprete desta última — a porção designada expressamente como *a realidade* — cabe aproveitar a sensibilidade das massas que reconhecem os fatos em estado bruto. Não vou me deter nos resultados específicos obtidos por Kracauer ao aplicar esse procedimento ao romance policial; tampouco pretendo adicioná-lo mais organicamente ao entendimento que propus da literatura de Coelho. Mas menciono ainda um ponto interessante de seu artigo "Sobre livros de sucesso e seu público".[41] Nesse trabalho, os dois lados dos best-sellers estão contemplados: de um lado, Kracauer os vê como o que chama de "sustentáculos de autoproteção das classes burguesas", dando solidez a seu individualismo que faz triunfar o destino privado em meio às catástrofes, procurando revelar como silenciam sobre conteúdos problemáticos; de outro, enfatiza que o sucesso desses livros se deve à sua capacidade de responder a tendências difusas no meio social, portando em relação direta com a demanda de amplas camadas de consumidores — demandas que devem ser tão gerais e constantes que não se explicam por preferências privadas ou por sugestão, mas ancoram-se nas condições sociais reais dos leitores. Escrevendo nos anos 1920, Kracauer parece ecoar o que diz Durkheim na década anterior a respeito da religião, fenômeno que só se sustenta no mundo social porque corresponde a uma experiência real, que cabe ao sociólogo decodificar por trás de suas manifestações fantasmáticas. Muitas

41 Incluído no livro citado anteriormente.

décadas depois, Fredric Jameson[42] argumenta na mesma direção, alertando que a cultura de massa não pode ser pensada exclusivamente como manipulação e falsa consciência, e que a inovação na linguagem também pode ser incorporada pelo mercado. Mais ainda, se a cultura de massa administra tensões no sentido ideológico, só pode fazê-lo na medida em que reconhece e vocaliza as angústias sociais, mesmo quando não obtém delas a melhor expressão formal. A perspectiva trazida pelos dois autores é um exemplo, entre outros não mencionados, de ferramentas de interpretação que evitariam a meu ver as pré-noções em relação ao significado da literatura de Coelho, mas pouco foram acionadas. Mais ainda, baseando-se em alguns indícios, podemos conjeturar que um Paulo Coelho analista de si mesmo poderia adotá-las.

---

42 Fredric Jameson, *As marcas do visível*. São Paulo: Graal, 1995.

7.
Hippie, acadêmico e hippie novamente

A parte final do discurso de posse de Paulo Coelho na Academia Brasileira de Letras contém a seguinte passagem:[43]

> Antes de terminar, gostaria de citar outros dois escritores que nunca conheceram a glória, mas que realizaram seu trabalho com dignidade e dedicação. Um deles jamais sonhou que um dia seu nome seria pronunciado nesta tribuna, e talvez alguns considerem isso anátema, mas não posso deixar passar a oportunidade: trata-se de José Mauro Vasconcelos. Jamais li um livro seu, mas não posso perder este momento único para agradecê-lo por ter levado seu trabalho aos quatro cantos do mundo, ajudando a mostrar às mais diferentes culturas o que existe na alma intensa e comovente do povo brasileiro.
>
> O outro escritor, um professor de matemática, escondido atrás de um pseudônimo misterioso, povoou minha imaginação infantil com lendas do deserto, dos céus e da terra, das mil histórias sem fim que o povo árabe conta e que, mais tarde, estariam na gestação de meu livro mais conhecido: *O alquimista*. Trata-se de Júlio César de Mello e Souza, conhecido por todos os seus leitores como Malba Tahan.[43]

---

43 Site da Academia Brasileira de Letras, <www.academia.org.br/academicos/paulo-coelho/discurso-de-posse>. Acesso em: 10 out. 2011.

Em seu momento mais consagrador como escritor brasileiro, Coelho faz mais do que simplesmente render homenagem a dois autores, não por acaso citados nos textos que acompanhamos de José Paulo Paes e Ruy Castro. A afinidade demonstrada ultrapassa a influência (afinal, ele afirma não ter lido José Mauro de Vasconcelos) em direção a uma identidade projetiva com escritores que nunca conheceram a glória — não necessariamente a glória de pertencer à ABL, mas a de ser aceito no clube seleto da Literatura Brasileira. E isso a despeito da dignidade e dedicação com que encararam seu trabalho, lance em que Coelho chama para si a operosidade do artesão competente da literatura de entretenimento que Paes lamenta rarear nas letras nacionais.

Tudo indica haver aqui a afirmação (mal) cifrada dos trunfos que Coelho está seguro de possuir: o poder encantatório de sedução dos novos leitores (não apenas jovens) e o de revelar ao mundo a alma do povo brasileiro. O ponto de acúmulo máximo de capital simbólico parece ter sido usado para garantir o mínimo até então negado, qual seja, seu assento em alguma posição dentro do mundo literário, pleito do outsider que quer se apoderar do carisma de grupo dos estabelecidos de cujo reconhecimento depende, para usar os termos de Norbert Elias. Por outro lado, o texto revela uma apreciação mais realista de sua posição no campo, que implicou a renúncia à retórica mais agressiva de reação à crítica negativa (como dizer que não respondia a elas porque "a vanguarda não pode falar com a retaguarda")[44] e à pretensão, sustentada de soslaio, de flertar com a alta literatura. Recuo que remete ao envelhecimento social de Paulo Coelho como escritor numa estrutura cuja temporalidade própria ele não pôde compreender: como é sabido, os escritores do polo de produção ampliada, para o público em

44 *Época*, 29 maio 2000.

geral, realizam mais rapidamente o ciclo de sua produção, recepção e reprodução do que os do polo de produção restrita, voltado aos pares e demais iniciados, cujo ciclo é mais longo e inclui a reprodução de seu prestígio, tendendo a uma eternidade que não precisa ter início no tempo presente; como vimos, os livros mais recentes seguem vendendo bem, mas não repetem as marcas dos anos 1990 e dificilmente poderiam fazê--lo. Por outro lado, o não lugar estrutural ocupado por ele na literatura brasileira causa menos ruído; tudo se passa como se, três décadas após a publicação de *O diário de um mago*, a força inercial do sistema literário brasileiro tenha possibilitado alguma acomodação — no duplo sentido do termo — para aquele que testou seus limites tentando acumular diferentes tipos de proveito. De todo modo, a denegação de que a obra e seu autor foram objeto reforça, nesse episódio, a condição de operação de um sistema literário que precisa estreitar seus mecanismos de acesso ao polo mais legítimo para consolidar--se, de modo a afastar a ameaça representada pelo outsider, que não pode se estabelecer senão obedecendo a todos os critérios da definição indígena de literatura. Se assim for, voltemos à recepção mais favorável de Coelho nos centros em que o campo literário conta com maior amadurecimento: a diferença é que seus livros tendem a ser tratados com os mesmos critérios aplicados aos que ocupam posição homóloga à sua numa estrutura mais densa, multipolar, capaz de incorporar o setor de produção ampla criticando-o em função de sua legalidade (e eventualmente intencionalidade) própria. E talvez esse desenvolvimento seja a propriedade estrutural ausente para que a crítica pudesse pensar os best-sellers de Paulo Coelho sem fazer pesar sobre o objeto as marcas da relação do leitor erudito com esse objeto.

Mas é preciso notar que os movimentos de Paulo Coelho no mundo literário perpetuam as condicionantes estruturais que as moldam, inclusive — e sobretudo — quando pretendem subvertê-las. O Mago não é apenas uma identidade social antípoda (ou excêntrica) em relação à do Escritor como figuras a serem fundidas pelo projeto artístico de Coelho; subjaz às duas fantasias, em seu caso, a pele do outsider que as veste. Isso é visível não só nas valências sociais que o afastam da formação mais comum do intelectual (ausência de títulos acadêmicos, de ligações pessoais com os literatos, de educação refinada etc.), mas também nas errâncias existenciais que não se converteram em capital intelectual específico capaz de facilitar-lhe a entrada nos círculos literários, fazendo dele, em sua chegada, um pretendente desmunido, um autodidata nas coisas do "espírito ilustrado" que não pode ocultar sob o reclamo ostensivo de pertencimento a ausência de internalização profunda dos sistemas de classificação mais legítimos, comuns aos que de fato pertencem sem precisar demonstrá-lo. Como mostra Bourdieu, essa posição em falso no universo da cultura predispõe a reivindicações sem lastro que realizam o oposto do que pretendem — lembremos aqui o pleito de grande intelectual vanguardista, mecanismo de defesa contra a rejeição que ajuda a cristalizá-la. Assim, a tentativa de subversão das hierarquias expressa seu profundo reconhecimento, já que a transgressão não tem outro objetivo senão a busca de reabilitação e enobrecimento. Em seu esforço de instalar-se na literatura brasileira, Coelho cabe bem no figurino do "pretendente pretensioso", vítima das estratégias de distinção que, no interior das lutas simbólicas,

> tem todas as chances de ver seus saberes e suas técnicas desvalorizados, como sendo muito estreitamente subordinados a fins práticos, "interessados" demais, demasiado marcados, em sua modalidade, pela pressa e ardor de sua aquisição, em proveito de conhecimentos mais fundamentais, e também

mais gratuitos (no sentido também que deles não se vê nenhum efeito sensível, senão o efeito de legitimidade, à prova concreta) por aqueles mesmos que devem sua posição dominante a seus certificados de cultura.[45]

Faltaram a Coelho certificados de cultura literária, não exclusivamente acadêmicos, mas gestados por um longo aprendizado de estratégias de escritura que corre paralelo ao aprendizado dos códigos classificatórios no mundo literário, o que oblitera mesmo a reflexividade a esse respeito, redundando na ingenuidade que o leva a tentar tomar de assalto o polo mais restrito do campo literário e lhe rende a recusa deste a ceder-lhe qualquer lugar nele. Em muitos aspectos ele trai o reconhecimento tácito dos princípios que o submetem, com isso contribuindo para a posição submissa. Um exemplo muito revelador é o fato de jamais ter reivindicado como criação literária as letras de música que escreveu, cedendo ao critério mais tradicional de demarcação dos gêneros.[46] Ainda assim, o escritor não está inteiramente desarmado, e o decreto de exclusão não pode se cumprir de forma absoluta, ou o ingresso na Academia não seria possível. É especialmente relevante que, pouco antes desse evento, ele tenha manejado do seguinte modo o rótulo de "escritor de vanguarda" numa entrevista:

P: Como você acha que sua literatura se relaciona com o tempo em que ela é produzida?
R: É a coisa mais moderna que existe, é a vanguarda.
P: Vanguarda em que sentido?

---

45 Pierre Bourdieu, "Gostos de classe e estilos de vida". In: Renato Ortiz (Org.), *Pierre Bourdieu*. São Paulo: Ática, 1983, p. 113. **46** O Nobel de literatura concedido a Bob Dylan em 2016 quebrou um tabu a esse respeito, mas só tardiamente Coelho pôde contar com esse marco.

R: Tenho um estilo novo e, por isso, bastante rejeitado. É um estilo ainda não muito bem digerido por um sistema que manipula a dificuldade como instrumento de dominação.[47]

Através da translação da definição de vanguarda do eixo da linguagem para o eixo político, Coelho tenta tomar de seus adversários uma das armas que lhe falta; com isso, no entanto, não deixa de prestar-lhes homenagem, conforme a dialética da distinção; e, ao mesmo tempo, desvela o potencial da linguagem de, criando complexidade, produzir dominação. Um ano depois dessa entrevista, os acenos aos escritores menores, aos artesãos competentes, no discurso de posse da ABL, são possíveis expressões de um intento discreto de reclassificação: se os poderes do Mago não podem realizar o encanto de sua aceitação num mundo em que os poderes que contam são de outra natureza, o pretendente pretensioso foi cedendo lugar — no passo em que o duro aprendizado prático das condições reais de operação disponíveis para si foi se fazendo —, se não a um experto, ao menos a um operador mais hábil de suas possibilidades, processo paralelo ao declínio de sua presença nas listas de vendagem e no debate público sobre cultura e entretenimento no Brasil. Mas é preciso lembrar que a persona de mago se colou a ele inclusive de modo literal — Coelho fez uma participação especial na novela *Eterna magia*, da Rede Globo (2007), em que representou o papel de um mago, vestido com o devido figurino, e muitas outras vezes se deixou ver e ter a imagem captada nessa mesma indumentária, reproduzida em diversas capas de revistas. O sortilégio da roupa de mago talvez não difira muito daquele do fardão da Academia, mas a imagem o projeta para

47 *Folha de S.Paulo*, 11 ago. 2001.

fora do mundo da literatura. Coelho continua preferindo a cor preta quando se veste para alguma aparição pública, mas tem se distanciado das imagens em que parece fantasiado, marcador visual de mudança.

Esse esforço de reconversão mostra-se em sua publicação mais recente, de 2018, não por acaso um livro de memórias, intitulado *Hippie*, cuja narração se concentra num único episódio, a viagem realizada no início dos anos 1970 no *Magic Bus*, ônibus que fazia a rota entre Amsterdam e Katmandu e cujos passageiros eram em sua maioria jovens identificados com a contracultura em busca da aventura como veículo para o crescimento espiritual. No relato, a literatura só aparece factualmente como um sonho do jovem hippie (à exceção do epílogo que se passa em 2005), ficando a narrativa cingida aos fatos da jornada e sua conexão com a vida interior, articulados a recordações pontuais da vida anterior e posterior à chegada a Amsterdam e a considerações sobre o contexto cultural e político pós-maio de 1968, o ideário hippie e a doutrina sufi. No entanto, é da formação do escritor que o relato trata em subtexto, mas de uma figura de escritor sutilmente diversa daquela solidificada pela longa trajetória literária já então empreendida, e ora convergindo para a reconversão parcial dessa imagem plasmada na reclassificação pretendida. O acionamento do modo de vida hippie não é inédito na produção de Coelho, mas a centralidade que adquire na reconstrução da experiência vivida expressa uma escolha capaz de reforçar o sentido que se quer atribuir ao presente; no mesmo passo, o sufismo ocupa o centro doutrinário outrora ocupado por representações mais ligadas ao esoterismo; e as menções à perseguição pela ditadura militar trazem o plano político como complemento dessa deriva em direção ao concreto.

Entre rememorações de episódios da vida que antecedem a viagem, destaca-se o da prisão de Coelho pela ditadura em

Ponta Grossa no ano de 1968, a cujo relato ele acrescenta "detalhes das outras duas a que fui submetido durante a ditadura militar (em maio de 1974, quando eu compunha letras de música)", conforme faz questão de explicitar no curto posfácio que encerra o livro. Em *Hippie*, a tortura sofrida é lembrada, ao lado de outras experiências negativas, como preparo para a vida literária:

> [...] seu sonho era ser escritor, tinha pagado um preço muito alto para isso: internações em hospitais psiquiátricos, a prisão e a tortura, a proibição da mãe da namorada de adolescência de que a filha se aproximasse dele, o desprezo dos colegas de escola quando viram que passara a se vestir de maneira diferente.[48]

Antes bastante reservado em relação aos efeitos sobre si das passagens mais difíceis de sua vida, o Coelho memorialista sublinha o gume desses acontecimentos no jovem em formação, sobretudo o trauma da tortura, como na passagem em que narra uma batida policial de que o *Magic Bus* foi alvo perto de Viena:

> Quando o ônibus parou no local indicado pelo guarda, foi o primeiro a saltar para vomitar ao lado da estrada, discretamente, sem que ninguém visse porque só ele mesmo conhecia suas dores, seu passado em Ponta Grossa, o terror que sempre o acometia a cada vez que atravessava uma fronteira. E, pior, o terror de saber que seu destino, seu corpo, sua alma estariam sempre atrelados à palavra POLÍCIA. Jamais iria sentir-se seguro — era inocente quando tinha sido trancafiado e torturado, continuava sem ter cometido

---

48 Paulo Coelho, *Hippie*. São Paulo: Companhia das Letras, 2018, p. 103.

nenhum crime além de, talvez, o uso esporádico de drogas, que aliás jamais carregava consigo [...].[49]

À forja de si pela experiência da dor, Coelho junta uma seleção de incidentes e reflexões que conformariam a gênese do ideário longamente desenvolvido em seus livros, terreno mais familiar a seus leitores:

> O verdadeiro caminho espiritual é mais forte do que as razões que nos levaram a ele. Aos poucos, vai se impondo, com amor, disciplina e dignidade. Chega um momento em que olhamos para trás, lembramo-nos do início de nossa jornada e então rimos de nós mesmos. Fomos capazes de crescer, embora nossos pés percorressem a estrada por motivos que julgávamos importantes, mas que eram muito fúteis. Fomos capazes de mudar de rota no momento em que isso se fez muito importante.[50]

Há outras passagens com o mesmo teor, que poderiam figurar num dos primeiros livros, incluindo uma retomada da *Anima Mundi*, "força sem forma que carrega tudo", da alquimia etc.; mas dessa vez o centro doutrinário concentra-se mais nas duas vertentes mencionadas, trabalhadas como práticas filosóficas.

A palavra "hippie", informa Coelho, teria surgido na Pérsia, e passado a designar uma forma de vida que inclui "sexo, vegetarianismo, amor livre e vida em comum"; e absorve ainda a postura dos cínicos antigos e seu desapego a tudo que é imposto, por artificial, retornando a uma natureza em que cada um é autossuficiente na medida em que recusa o de que não necessita; bem como o legado dos monges cristãos que se retiram do mundo em busca de Deus, e ainda de autores como

49 Ibid., p. 165.   50 Ibid., p. 126.

Thoreau e Gandhi. Modernamente essas práticas seriam absorvidas pela cultura pop, que as converteria em moda e fonte de descrença na política. Quanto ao sufismo, o principal objetivo da jornada no *Magic Bus* é tomar contato com os dervixes que dançam girando, e que Coelho encontrará em Istambul, tendo a oportunidade de ouvir os ensinamentos de alguém que não se considera um mestre, mas vai orientá-lo a buscar a verdade por si mesmo: "Então busque a Verdade. Procure estar ao lado dela o tempo todo, mesmo que machuque, fique muda por muito tempo ou não diga o que você quer ouvir. Isso é sufismo. O resto são cerimônias que nada mais fazem que aumentar esse estado de êxtase".[51]

O ensinamento desse "orientador" prossegue na definição do sufismo valendo-se da anedota filosófica, contando como encontrou um mestre num menino que caminhava com uma vela na mão, com quem teve um diálogo que precedeu a iluminação:

Menino, houve um momento em que esta vela esteve apagada. Você poderia me dizer de onde veio o fogo que a ilumina?

O garoto riu, apagou a vela e me perguntou de volta: "E o senhor, pode me dizer para onde foi o fogo que estava aqui?".

Nesse momento eu entendi o quão estúpido sempre tinha sido. Quem acende a chama da sabedoria? Para onde ela vai? Compreendi que, igual àquela vela, o homem carrega por certos momentos no seu coração o fogo sagrado, mas nunca sabe onde foi aceso. A partir daí, comecei a prestar mais atenção a tudo que me cercava — nuvens, árvores, rios e florestas, homens e mulheres. E tudo me ensinava o que precisava saber no momento, e as lições sumiam quando não precisava mais delas. Tive milhares de mestres a minha vida inteira.

51 Ibid., p. 241.

Passei a confiar que a chama sempre estaria brilhando quando dela precisasse; fui um discípulo da vida e ainda continuo sendo. Consegui aprender com as coisas mais simples e mais inesperadas, como as histórias que os pais contam para os seus filhos.

Por isso a quase totalidade da sabedoria sufi não está em textos sagrados, mas em histórias, orações, danças e contemplação.[52]

A exemplo desse fragmento, em muito o conteúdo da narrativa remete aos primeiros livros, mas há certas sutilezas no plano da forma que merecem destaque, porque o distanciam daqueles e também das ficções dos anos 2010. Em primeiro lugar o formato autobiografia, restrito a uma experiência suficientemente central para iluminar em retrospecto uma totalização do sentido da vida que converge sempre para a literatura como elemento central. A memória do tempo pré-literatura prenuncia o surgimento do escritor, e numa chave distinta do uso dos eventos biográficos presentes em quase todos os livros anteriores: se antes Coelho contava de modo romanceado o que viveu, agora quer convencer o leitor de que vive tudo o que lhe conta; ou seja, recursivamente, o que foi contado sobre o que viveu ganha o selo de autenticidade de quem agora revela como vive aquilo que conta porque, sendo escritor, é essa sua vida. Para isso contribui em muito que a narrativa, como visto, se dê em terceira pessoa, e que Coelho alerte antes: "As histórias aqui relatadas fazem parte de minha experiência pessoal. Alterei ordem, nomes e detalhes de pessoas, tive que condensar algumas cenas, mas tudo que ocorreu é verdadeiro".[53]

---

52 Ibid., p. 248. 53 Ibid., p. 11.

Em princípio pouco relevante, a advertência ganha peso no inusitado da sustentação de uma estratégia de escritura bastante comum; de fato, aqui, dizer que tudo é factualmente verdadeiro afasta não só a fantasia, mas tudo que possa soar inverossímil sob a régua de um realismo mais estrito; desse modo, na gênese do escritor nada haveria que pusesse em dúvida a probidade de propósitos, seja no plano literário, seja no plano ético, de sua produção. Tudo no livro concorre para esse efeito, para além de sua nota introdutória: a ausência do feérico, as frases mais coladas nos fatos que em sua interpretação, o desenvolvimento mais nuançado das personagens; em suma, uma busca generalizada de certo padrão de objetividade. Outro escrito da época, o artigo no *The Washington Post* em que Coelho narra detalhes de sua prisão em 1974, apresenta um padrão semelhante, mas teve muito mais repercussão do que qualquer livro dos anos 2010.

Publicado em 29 de março de 2019, o artigo foi reproduzido com a anuência do autor em diversos jornais ao redor do mundo e pelos principais órgãos de imprensa no Brasil, e colocou Coelho, ao menos por um momento, no centro do cenário político brasileiro, como resposta ao ato do presidente da república que recomendara a comemoração do aniversário do golpe que instituiu a ditadura militar em 1964. De fato, o relato seco e detalhado de forma concisa do encadeamento das ações desde a prisão até o fim abrupto do episódio, passando pelas sessões de tortura, vazado em frases curtas e precisas, foi amplamente saudado pelas forças políticas não alinhadas à extrema direita, para as quais representou ao menos um contraponto catártico da pregação do presidente. E, mais importante para o que se discute aqui, a qualidade do texto foi também objeto de comentários majoritariamente positivos, pela primeira vez na carreira do escritor. Pode-se dizer que o artigo colocou Coelho de novo no centro das atenções, num instantâneo fugaz de celebridade que lembrou seus melhores momentos de presença na mídia e no debate intelectual, agora menos como objeto do que como partícipe autorizado. Embora sem grande repercussão, creio que o livro de memórias prefigura o modo de colocar-se que fez o sucesso do artigo, e que eles podem ser lidos em conjunto como instrumentos de uma tentativa ainda mais aguda de reclassificação (não necessariamente consciente) tentada por seu autor.

Lembremos que em *Hippie* a prisão é alocada entre as vivências que forjam o escritor, na vala dos sofrimentos com que se paga a conquista final, ainda que não haja a descrição dos fatos, que viria no ano seguinte. Por outro lado, o livro retoma o núcleo ideológico que foi a pedra de toque do sucesso, mas aqui reconfigurado numa chave comparativamente mais racionalizada, graças à escolha da identidade hippie/sufi em substituição às ordenações misteriosas e aos saberes mágicos; do modo como é apresentada, essa combinação de estilo e filosofia de vida prescinde do apelo ao religioso ou a qualquer tipo de transcendência mística. Coelho parece reconstituir sua "educação sentimental" de escritor profissional distanciando-se agora de tudo que o separava da figura canônica do escritor. De outro lado, reapropriar-se dos episódios de prisão e tortura por agentes do Estado dá dimensão política a uma vida até então "alienada", que preferia o desbunde à luta política como reação à ditadura, para ficarmos nos termos da época.

Em suma, considerando os elementos discutidos, é possível pensar o final dos anos 2010 como abertura de uma nova fase na produção e na postura de Paulo Coelho, ancorada num uso da memória calibrado para requalificar o modo como é visto e lido. A viagem iniciática do jovem hippie é já de iniciação à literatura, posto que condensa a experiência precoce do internamento institucional, da prisão, da tortura, do desprezo e da incompreensão; mas também da revolta, da reação individual, da abertura para a vida sensorial e amorosa cristalizada na atividade artística. Esses elementos são reconfigurados como capitais literários do "discípulo da vida" aberto à iluminação súbita mencionado pelo dervixe, que é sábio porque "de repente aprende", como na conhecida passagem de *Grande sertão: veredas*. A ressignificação literária de suas vivências visa reconfigurar seus trunfos, num esforço de reposição dos que lhe faltavam; assim, o pretendente pretensioso e desprovido apresenta novas valências sociais fiadoras do valor literário. Um marcador objetivo de progresso nessa empreitada é seu ingresso na editora Companhia das Letras, que lança em um de seus selos (Paralela) o livro *A espiã* em 2016, franqueando-lhe acesso à porção do mundo editorial mais prestigiada pela seletividade na qualidade literária de suas publicações. Nos anos seguintes outros de seus livros são republicados pela nova casa, com um trabalho gráfico sofisticado nas capas, que deixam para trás o padrão kitsch que predominara até então, propondo um emblema que acena para uma mudança de lugar do escritor, e numa correlata elevação simbólica de seu estatuto.

Contudo, o movimento de reconversão se dá quando Paulo Coelho já passa dos setenta anos. Há nele implicada uma revivência da juventude, no sentido simbólico da pureza dos princípios ordenadores da jornada, secundada pela obstinação da conquista do lugar que julga merecer. Mas há também certo recuo na representação subjetiva desse lugar, ou ao menos a retomada da acomodação com o posto de "artesão competente". Mais ainda, parece não ser mais o caso de contestar a substância da crítica mais legítima, nem de mudar radicalmente o teor de sua própria produção, mas de garantir um modo de leitura mais afeito ao que foi projetado desde o início, para o que foi realizado e para o que eventualmente se fará daqui em diante. Sem representar ruptura radical, ainda assim fazer com que a persona do Mago ceda lugar à do Escritor não deixaria de ser um passe alquímico considerável, capaz inclusive de reverter a tendência entre os avaliadores de fazer pesar sobre o objeto as marcas de sua relação com esse objeto.

II

O santo

À mão que o dispensa deve
O laurel sua virtude.

Manuel Bandeira

I.
Literatura e memória

A despeito de tudo que separa a produção de Manuel Bandeira da de Paulo Coelho, em ambos a figura de escritor que construíram nos livros e fora deles procura integrar-se nas poéticas singulares que desenvolveram, harmonia entre estratégia de escritor e estratégia de escritura que é regra no mundo literário. Esse encaixe, no entanto, não foi capaz de permitir a ocupação do espaço literário pretendido no caso de Coelho — vimos como a máscara foi vestida de tal modo que não podia mais ser retirada quando isso se tornava necessário para a realização de seus planos. Bem outra é a experiência de Bandeira, exemplo de arranjo bem-sucedido na ligação entre texto e performance pública e no mecanismo de retroalimentação que faz dessa ligação um esteio da dicção poética, sem qualquer desgaste capaz de obliterar a consagração, o ganho de renome e o consequente assento na história literária exatamente nos termos pretendidos. Assim, se as respectivas produções literárias são de fato incomensuráveis, qualquer que seja o padrão de medida que se tome, os modos dos encaixes descritos são comparáveis em suas diferenças — e sobretudo nos modos específicos de lograr ou não produzir a diferença na realização, material e subjetiva, dos escritores. E é preciso ter em mente, como prévia do estudo de Bandeira, certas circunstâncias próprias: outro tempo, outro gênero literário, outro "estado do campo" literário, outras mídias etc.; só para mencionar algumas entre as muitas que tornaram possível o uso do principal instrumento manejado por ele na encarnação de seu papel de escritor, qual seja, a memória.

Aqui cabe uma observação: se na carreira de Paulo Coelho a dimensão cênica já se tornara imanente à prática literária — o autor está presente na cena pública, e sua performance física proporciona um espelhamento de sua literatura —, a experiência de Manuel Bandeira, cujo longuíssimo percurso em poesia abrange o espaço que vai de 1917 (data de seu livro de estreia, *A cinza das horas*) até 1966 (dois anos antes de sua morte, com a publicação de sua poesia reunida, *Estrela da vida inteira*), será bem diferente nesse aspecto. E não apenas pelo fato cronológico de haver publicado a maior parte de sua obra até a primeira metade do século XX, mas sobretudo porque sua consagração inconteste no cânone da literatura nacional já se completara antes mesmo desse marco. Os eventos de 1940 dão bem a medida disso: é quando ocorre sua eleição para a ABL, que ensejou a publicação de um primeiro livro reunindo toda a sua poesia até então, e que incluía a *Lira dos cinquent'anos*, coleção de poemas do mesmo ano, cujo título remete a seu cinquentenário, profusamente comemorado em eventos e publicações. Na mesma direção desses marcos simbólicos está a publicação do *Itinerário de Pasárgada* em 1954: o livro autobiográfico pressupõe o alcance de um ápice em termos de rendimento literário e reconhecimento pelos pares, de modo que, se nada ainda mais alto advier, o estado ora atingido é consentâneo e merece ser conservado, perpetuado pelo registro de seu sujeito, autoridade máxima no assunto. Neste capítulo, a contrapelo das linhas de análise mais estabelecidas sobre o livro, que via de regra coincidem com o propósito do autor e assim o referendam, a autobiografia será tratada como instrumento de construção de uma persona literária a ser perenizada — como de fato o foi —, a principal ferramenta mobilizada por Bandeira para assentar sua poética e o modo como pretendia ser lido, afirmando um conjunto de valores ligados à atividade literária e seu produto final, que devem inscrever-se na história e no patrimônio literário como legado definitivo. Além de elemento organizador da herança literária, a memória está presente em outros registros no conjunto da produção de Bandeira. Assim, a poesia anterior ao *Itinerário* já faz uso das reminiscências como material poético, o que é amplamente reconhecido pelos leitores e trabalhado pela crítica como vertente importante de sua lírica. E, correndo em paralelo, a contribuição para a consolidação de uma memória coletiva da nação, que fica patente sobretudo nos textos em prosa como em algumas das *Crônicas da província do Brasil* e no *Guia de Ouro Preto*, visando dar contornos ao patrimônio cultural na trilha do projeto do Estado Novo, que seleciona certos bens simbólicos e os consagra como expressão da nacionalidade.

Esses dois planos, a incorporação de representações do vivido na poesia e a narrativa sobre a urdidura da produção literária, estão intimamente relacionados, de modo que se o segundo será o foco principal da análise, o que o antecede merece também consideração. Noutros termos, um modo de engatar o plano do biográfico na poesia com a biografia poética é sugerido pelo próprio Bandeira, que aproveita no título do *Itinerário* a imagem elaborada no poema "Vou-me embora pra Pasárgada", de *Libertinagem* (1930). Filtrada pelo direcionamento da análise, a sugestão se incorpora tendo a noção de evasão como condutora, abrindo, em seguida, para uma consideração mais matizada do registro da memória nos poemas.

2.
Evasão para o mundo

VOU-ME EMBORA PRA PASÁRGADA

Vou-me embora pra Pasárgada
Lá sou amigo do rei
Lá tenho a mulher que eu quero
Na cama que escolherei
Vou-me embora pra Pasárgada

Vou-me embora pra Pasárgada
Aqui eu não sou feliz
Lá a existência é uma aventura
De tal modo inconsequente
Que Joana a louca de Espanha
Rainha e falsa demente
Vem a ser contraparente
Da nora que nunca tive

E como farei ginástica
Andarei de bicicleta
Montarei em burro brabo
Subirei no pau de sebo
Tomarei banhos de mar!
E quando estiver cansado
Deito na beira do rio
Mando chamar a mãe-d'água

102

Pra me contar as histórias
Que no tempo de eu menino
Rosa vinha me contar
Vou-me embora pra Pasárgada

Em Pasárgada tem tudo
É outra civilização
Tem um processo seguro
De impedir a concepção
Tem telefone automático
Tem alcaloide à vontade
Tem prostitutas bonitas
Para a gente namorar

E quando eu estiver mais triste
Mas triste de não ter jeito
Quando de noite me der
Vontade de me matar
— Lá sou amigo do rei —
Terei a mulher que eu quero
Na cama que escolherei
Vou-me embora pra Pasárgada

O poema integra a porção da obra bandeiriana composta em sua casa na rua do Curvelo, no Rio de Janeiro, que, ao lado de *Libertinagem*, inclui os livros de poesia *O ritmo dissoluto* (1924) e parte de *Estrela da manhã* (1936) e as *Crônicas da província do Brasil*, numa fase crítica de sua vida pessoal: 1920 é o ano da morte de seu pai, a figura familiar mais importante em sua formação literária; Bandeira já havia perdido a mãe e a irmã, que o tomou sob seus cuidados desde as primeiras manifestações da tuberculose, em 1904; como se sabe, e de acordo com ele próprio, é a doença que o impediria de seguir a carreira de arquiteto sonhada pelo pai, verdadeira mutilação social, nos termos de Sergio Miceli,[1] à medida que contribui para enfraquecer os trunfos ao seu alcance obrigando-o a abrir mão de um projeto intelectual mais tipicamente masculino, e direcionando-o à literatura. O recolhimento estrito que daí advém, estoicamente enfrentado para sobreviver, e narrado nesses termos em seus textos, torna-se marca de sua personalidade poética a ser referendado pela crítica, a exemplo do "cotidiano humilde" pensado por Davi Arrigucci Jr. como chave de interpretação.[2] A par disso tudo, enfrenta ainda dificuldades materiais, contando como recurso fixo apenas com o montepio deixado pela mãe. Conforme relataria décadas mais tarde no *Itinerário de Pasárgada*, a morte do pai o deixara sozinho para enfrentar a pobreza e a morte. Os cerca de treze anos que viveu no Curvelo aproximariam o poeta de seu vizinho Ribeiro Couto e, por meio deste, do núcleo modernista carioca e de Mário de Andrade, iniciando em 1921 a interlocução decisiva expressa na correspondência que só cessará com a morte de Mário em 1945.

Nessas circunstâncias pessoais, e ao longo desse período, é que se dá o amadurecimento literário de Bandeira, que começa a encontrar sua dicção pessoal na passagem do penumbrismo parnasiano e simbolista do livro de estreia, *A cinza das horas* (1917), para a abertura ao moderno, representado fundamentalmente pela adoção do verso livre, que se dá no próximo

---

1 "Bandeira constitui o caso-limite em que as condições de vida impostas pela doença tenderam, na ausência de outras mutilações sociais, a anular todos os trunfos ao seu alcance — como, por exemplo, a ampla rede de relações sociais de seu pai, o êxito escolar nos melhores colégios da época etc. —, que o encaminhariam para as carreiras (masculinas) dominantes, fazendo com que se reconvertesse ao gênero literário de maior prestígio e de menor retorno econômico." Sergio Miceli, "Poder, sexo e letras na República Velha (Estudo clínico dos anatolianos)". In: *Intelectuais à brasileira*. São Paulo: Companhia das Letras, 2001, p. 46. 2 Davi Arrigucci Jr., "O humilde cotidiano de Manuel Bandeira". In: *Enigma e comentário*. São Paulo: Companhia das Letras, 1987.

livro, *Carnaval* (1919), e a consolida na tríade mencionada, em que o padrão da expressão se torna moderno em sua forma e desenha-se o estilo humilde, a vocação tantas vezes reivindicada de "poeta menor", capaz de fixar o repente da emoção mais alta na expressão mais cotidiana, conquistas definitivas de sua poética. Mais especificamente, nesses anos de cristalização de seus recursos se dá a redução formal da pobreza e da frugalidade do modo de ser como elemento interno de sua poesia, que passa a valer-se da reminiscência de modo estrutural, como se a situação limite vivida obrigasse a uma concentração da experiência e recomposição da lembrança, conforme prossegue a análise de Arrigucci, alcançando, assim, uma marca singular de autoria onipresente a partir desse ponto, coincidente com o ponto de vista de quem contempla e registra, como substitutivo da vivência, a agitação da vida de que não pode participar. Essa forma de abertura para o mundo exterior, contudo, se permite a expansão dos sentimentos e a empatia com a realidade, não deixa de ser uma fuga para o poeta desvalido, que Arrigucci qualifica de "evasão para o mundo", retomando a expressão cunhada por Sérgio Buarque de Holanda[3] em 1958 num texto crítico que integra a edição da *Poesia completa e prosa* de Bandeira da editora Aguilar, cuja sequência argumentativa, posicionando-se no debate sobre a interpretação do poema, é a seguinte:

> A esse propósito, não me parecem, entretanto, especialmente felizes certas tentativas de filiação do seu famoso "Vou-me embora pra Pasárgada". A ideia mais generalizada que se faz da chamada literatura de evasão. É bem possível que nessa peça Manuel Bandeira não tenha atingido um dos pontos mais altos de sua criação lírica (conforme o pretendem alguns) e é

---

3 Sérgio Buarque de Holanda, "Trajetória de uma poesia". In: Manuel Bandeira, *Poesia completa e prosa*. Rio de Janeiro: Nova Aguilar, 2009, pp. CL-CLXIII.

verdade que toda a sua poesia é essencialmente poesia de evasão, se a considerarmos de outro ponto de vista. De evasão que anda intimamente associada à sua maneira peculiar de exprimir-se e que, no caso, vale antes por um ato de conquista e de superação, do que propriamente de abdicação diante da vida.

Também não acredito, como o acreditou Mário de Andrade, num dos seus admiráveis ensaios críticos, que represente simplesmente uma cristalização superior do vou-me--emborismo popular e nacional, cujos traços podem ser discernidos através de nossa literatura folclórica. Em Bandeira ela tem sentido profundamente pessoal para se relacionar a uma atitude suscetível de tão extraordinária generalização. Seria talvez preferível ir buscar seu paralelo em exemplos singulares que podem proporcionar de preferência a literatura culta. E ocorre-me, no momento, o de uma peça das mais célebres de um grande poeta que viveu ainda em nossos dias: William Butler Yeats.

Todavia, a aproximação, mesmo aqui, não pode ser feita sem extrema cautela. Em "Sailing to Byzantium", o poeta, resignado à própria velhice, busca um mundo distante, onde os monumentos sem idade do intelecto não foram e não poderiam ser contaminados pela febril agitação ou pela música sensual das gerações presentes, e onde a própria vida se desgarra das formas naturais para assumir a feitura das criações dos artesãos da Grécia [...].

Bizâncio é sagrado asilo, "artifício da eternidade", inacessível aos tumultos vãos da humanidade mortal. Pasárgada é, ao contrário, a própria vida cotidiana e corrente idealizada de longe; a vida vista de dentro de uma prisão ou de um convento. [...] O mundo visível, em sua precariedade e impureza, guarda todo o antigo prestígio, e na tensão com a vida íntima e pessoal do poeta, é esta, em realidade, que parece reduzir-se quase ao silêncio. [...] A expansão dos sentimentos mais íntimos, de um lado, e de outro essa vontade de anular-se diante do fato exterior, essa evasão "para o mundo", continua a subsistir ao longo de toda a sua obra.[4]

Desse ponto de vista, a vitória definitiva contra o recolhimento íntimo remete ao plano da utopia; e, se toda poesia é essencialmente de evasão, o "Vou-me embora pra Pasárgada" revela menos um desejo escapista do que a vontade de vencer pela via da poesia o confinamento imposto pelas condições de vida. A forma simples do poema, a limpidez da linguagem seriam recursos opostos ao hermetismo esteticista que remete à reclusão aristocrática de quem recusa o mundo para colocar-se acima dele. Nesse sentido a *Pasárgada* de Bandeira representaria uma evasão *para o mundo* e serve de emblema ao conjunto da produção poética; basta notar que a ilha encantada, conforme o poeta a imagina, nada contém para além da própria vida ordinária em algumas de suas manifestações mais triviais; ou, nos termos de José Guilherme Merquior,[5] o Eldorado libertino do poeta nada mais é do que a vivência plena do cotidiano idealizada pela força do desejo que não encontra meios de realização. A singularidade da interpretação de Holanda a põe no contrapé de quase tudo que se dissera até então sobre o poema, cuja referência maior era a leitura de Mário de Andrade em seu ensaio "A poesia em 1930",[6] de 1931, que considera o evasionismo, como fuga do mundo, uma tendência geral da moderna literatura brasileira, sendo o "vou-me-emborismo" sua mais acabada expressão. Na interpretação de Holanda, a ideia de evasão para o mundo implica a poesia numa integração projetiva com a realidade da vida para além das circunstâncias que, recursivamente, são o próprio material poético. E escapa ao crítico a

4 Ibid., pp. CLVII-CLVIII.   5 José Guilherme Merquior, "Manuel Bandeira". In: Manuel Bandeira, *Poesia completa e prosa*, op. cit., pp. CLXXXVII-CCXX.
6 Mário de Andrade, "A poesia em 1930". In: *Aspectos da literatura brasileira*. Belo Horizonte: Itatiaia, 2002, pp. 37-58.

relação entre esse embate do poeta contra sua condição e o uso do laxismo formal: a inclinação de virtuose a desafiar todos os obstáculos técnicos da expressão poética explica-se como transladação da ambição de romper os limites objetivos, mais uma vez resolvida vicariamente por meio da literatura. O paradoxo que a fórmula encerra, por sua vez, ganha nova dimensão quando tomamos a Pasárgada como título da autobiografia, em que representa um tipo muito peculiar de evasão propriamente *do mundo*, assunto a ser tratado na próxima seção. Aqui, resta ainda entender melhor a memória como um dos eixos estruturais da poesia de Bandeira, a partir de outras explorações do tema de Pasárgada e mais algumas amostras de poemas que orbitam nessas adjacências.

No livro *Mafuá do malungo* (1948), em que Bandeira recolhe o que chamou de "versos de circunstância", a Pasárgada de dezoito anos antes é retomada numa chave nova, que já se enuncia no título do poema, "Saudades do Rio Antigo":

> *Vou-me embora pra Pasárgada.*
> *Lá o rei não será deposto*
> *E lá sou amigo do rei.*
> *Aqui eu não sou feliz*
> *A vida está cada vez*
> *Mais cara, e a menor besteira*
> *Nos custa os olhos da cara.*
> *O trânsito é uma miséria:*
> *Sair a pé pelas ruas*
> *Desta capital cidade*
> *É quase temeridade.*
> *E eu não tenho cadilac*
> *Para em vez de atropelado,*
> *Atropelar sem piedade*
> *Meus pedestres semelhantes.*

Oh! que saudade que eu tenho
Do Rio como era dantes!
O Rio que tinha apenas
Quinhentos mil habitantes.
O Rio que conheci
Quando vim pra cá menino:
Meu velho Rio gostoso,
Cujos dias revivi
Lendo delicadamente
O livro de Coaraci.
Cidade onde, rico ou pobre
Dava gosto se viver.
Hoje ninguém está contente.
Hoje, meu Deus, todo mundo
Traz na boca a cinza amarga
Da frustração... Minha gente,
Vou-me embora pra Pasárgada.[7]

Se antes a vida idílica era uma projeção num futuro sem tempo ou lugar, aqui ela está assimilada ao passado, ou mais precisamente à memória de um passado preservado dos males do presente, que provocam a revolta do poeta. Note-se que o mal não é mais a doença, circunstância individual e contingente, mas um conjunto de desacertos sociais como carestia, desigualdade, violência; por sua vez, o movimento de evasão, que se dava de dentro para fora e em direção ao que está além do presente, agora inverte orientação e direcionamento. No entanto, a experiência da vida permanece ao rés do chão, no modo do "cotidiano humilde" do poeta pobre e pedestre no duplo sentido do termo, que se exaspera pela impotência diante da frustração imposta pela realidade.

---

7 Manuel Bandeira, *Poesia completa e prosa*. Rio de Janeiro: Nova Aguilar, 2009, p. 337.

À diferença do poema anterior, neste Bandeira faz uso de registros factuais que remetem a uma memória do vivido que desperta nostalgia, cingindo o poema ao plano do circunstancial, conforme ele mesmo o classifica. Já no "Vou-me embora" não há propriamente uma evocação do passado, mas sim, embora não expressamente, da condição de vida estabelecida pela doença, esteio da formação ética e lírica assumida em definitivo pelo poeta, a que remete o "cotidiano humilde" nos termos de Arrigucci, visto agora como inscrição profunda do momento que definirá a vida como espera da morte iminente que afinal se dilata. Os dois poemas revelam as chaves convergentes de atuação da memória na poesia de Bandeira, qual sejam, a memória que é evocação da variedade de fatos e coisas da vida e do mundo e aquela que é presentificação da relação com a morte, matriz da estrutura afetiva objetivada numa poética. Desse modo, boa parte da poesia de Bandeira combina um passado estruturado que serve de estoque para a reminiscência com o passado estruturante que o organiza e é retroalimentado por ele. Os dois poemas se conectam, portanto, menos pelo verso que repetem do que pela estrutura que os percorre, e muitos outros aproveitam a mesma conexão com balanços de ênfases diferentes entre o plano da recordação factual e o da reserva mnemônica que a orienta. Assim, não é por acaso que, do ponto de vista do conteúdo da lembrança, os temas mais presentes são a família, a infância, diferentes níveis do espaço (cidades, bairros, ruas, lugares, residências, o quarto, o beco), e, por outro lado, a morte seja tema recorrente, como imantação agregadora desses conteúdos. Talvez alguns exemplos de trechos de poemas dos diversos livros traduzam melhor essa relação entre estruturas.

A DAMA BRANCA

A Dama Branca que eu encontrei,
Faz tantos anos,

Na minha vida sem lei nem rei,
Sorriu-me em todos os desenganos.

Era sorriso de compaixão?
Era sorriso de zombaria?
Não era mofa nem dó. Senão,
Só nas tristezas me sorriria.

E a Dama Branca sorriu também
A cada júbilo interior.
Sorria como querendo bem.
E todavia não era amor.

Era desejo? — credo! De tísicos?
Por histeria... quem sabe lá?...
A Dama tinha caprichos físicos:
Era uma estranha vulgívaga.

Ela era o gênio da corrupção.
Tábua de vícios adulterinos.
Tivera amantes: uma porção.
Até mulheres. Até meninos.

Ao pobre amante que lhe queria,
Se lhe furtava sarcástica.
Com uns perjura, com outros fria,
Com outros má,

— A Dama Branca que eu encontrei,
Há tantos anos,
Na minha vida sem lei nem rei,
Sorriu-me em todos os desenganos.

Essa constância de anos a fio,
Sutil, captara-me. E imaginai!
Por uma noite de muito frio
A Dama Branca levou meu pai.

(*Carnaval*)[8]

O poema inaugura a representação da morte como uma entidade feminina, sedutora e ambígua, que Bandeira retomaria algumas vezes; nesse caso, sob o manto da tuberculose, a dama branca. O poema abre relembrando o momento definidor de seu destino, o encontro com a "Dama Branca", a quem se refere como a companheira de todas as horas, que o consola nos desenganos, malgrado a natureza dúbia dessa manifestação benfazeja, que será questionada nas estrofes seguintes, convergindo para a exploração dos "caprichos físicos" da dama branca, que a aproxima da corrupção física e moral. Nesse ponto, a proximidade da "vulgívaga" com o poeta se deixa entrever como desejo perverso desta, nem por isso menos valorosa: a penúltima estrofe repete a primeira, e a próxima reitera a aliança entre o poeta e a morte ("Essa constância de anos a fio/ Sutil, captara-me"), entranhada no modo de viver, mas não isenta de traições, como a que se revela nos versos finais, anunciando a morte do pai. A forma de expressão desses versos ("Por uma noite de muito frio/ A Dama Branca levou meu pai") introduz a surpresa do evento, potencializada pela mudança brusca de um registro de permanência, perscrutando a morte como condição, para o regime de evocação de um acontecimento pontual — contudo, todo o procedimento caminha para inscrever o segundo no primeiro.

8 Manuel Bandeira, *Estrela da vida inteira*. Rio de Janeiro: Nova Fronteira, 1993, pp. 93-4.

Em muitos poemas essa relação está invertida: o diverso, o factual, estão no primeiro plano, apresentados como transcrições de lembranças, e só posteriormente o plano latente do uno/eterno apresenta-se como organizador e fixador da miscelânea de recortes evocados (pessoas, lugares, acontecimentos). No livro *Libertinagem*, esse procedimento está presente de modo exemplar nos poemas "Evocação do Recife" e "Profundamente", que se referem ambos à infância de Bandeira. No primeiro a enunciação do vivido é mais minuciosa, enquanto o segundo relata um único acontecimento; a despeito disso, há uma simetria na estrutura da narração poética que por caminhos diferentes chegam à morte do avô como elemento final; ou melhor, como fecho do poema e indicador de sua "finalidade", ou seja, como elemento fixador de um propósito. Assim, no trecho final da "Evocação do Recife":

> *A vida com uma porção de coisas que eu não entendia bem*
> *Terras que não sabia onde ficavam*
> *Recife...*
> > *Rua da União...*
> > > *A casa de meu avô...*
> *Nunca pensei que ela acabasse!*
> *Tudo lá parecia impregnado de eternidade*
> *Recife...*
> > *Meu avô morto.*
> *Recife morto, Recife bom, Recife brasileiro como a casa de meu avô.*[9]

E em "Profundamente", depois dos versos que contam o que se passou numa noite de São João:

---

9 Ibid., pp. 135-6.

Quando eu tinha seis anos
Não pude ver o fim da festa de São João
Porque adormeci.

Hoje não ouço mais as vozes daquele tempo
Minha avó
Meu avô
Totônio Rodrigues
Tomásia
Rosa
Onde estão todos eles?

— Estão todos dormindo
Estão todos deitados
Dormindo
Profundamente.[10]

O elemento espacial está presente nos dois poemas, mas não é o ponto de convergência da rememoração. Como dito, os lugares de rememoração de Bandeira mudam de amplitude (da cidade à casa, com seu entorno e seu interior), e essa variação pode ser também qualitativa, eventualmente transferindo a um recorte de lugar a função de fixar o eterno. Assim, em "Última canção do beco", de *Lira dos cinquent'anos*, logo no início do poema:

Beco que cantei num dístico
Cheio de elipses mentais,
Beco das minhas tristezas,
Das minhas perplexidades
(Mas também dos meus amores,

10 Ibid., pp. 139-40.

Dos meus beijos, dos meus sonhos),
Adeus para nunca mais!

Vão demolir esta casa.
Mas meu quarto vai ficar,
Não como forma imperfeita
Neste mundo de aparências:
Vai ficar na eternidade,
Com seus livros, com seus quadros,
Intacto, suspenso no ar!
[...][11]

E, se o quarto da casa na rua do Curvelo eternizou-se, a casa do avô reaparece como fundação da própria atividade poética, no poema "Infância", de *Belo belo*:

[...]
A casa da Rua da União.
O pátio — núcleo de poesia.
O banheiro — núcleo de poesia.
O cambrone — núcleo de poesia (la fraicheur des latrines!).
A alcova de música — núcleo de mistério.
[...]

Depois meu avô... Descoberta da morte!

Com dez anos vim para o Rio.
Conhecia a vida em suas verdades essenciais.
Estava maduro para o sofrimento
E para a poesia![12]

---

11 Ibid., p. 179.   12 Ibid., p. 209.

Juntando o aprendizado das verdades essenciais à descoberta da morte e da poesia, o poema sintetiza o circuito das recordações que se vem desenhando, de que faz parte o tema de Pasárgada no sentido antes trabalhado. Outra variante do uso desse tema aparece em dois poemas, abrindo espaço para a análise do *Itinerário*. Em *Opus 10*, o "Poema encontrado por Thiago de Mello no Itinerário de Pasárgada":

> *Vênus luzia sobre nós tão grande*
> *Tão intensa, tão bela, que chegava*
> *A parecer escandalosa, e dava*
> *Vontade de morrer.*[13]

O poema é um arranjo em versos de uma passagem em prosa do *Itinerário*, que provavelmente foi mostrada por Thiago de Mello e incorporada por Bandeira, referendando a espontaneidade com que faz poesia, por vezes sem percebê-lo. Por fim, Bandeira incorpora o "Vou-me embora" no seu "Antologia", poema feito através de colagem de versos originários de outros poemas, publicado em *Estrela da tarde*:

> *A vida*
> *Não vale a pena e a dor de ser vivida.*
> *Os corpos se entendem mas as almas não.*
> *A única coisa a fazer é tocar um tango argentino.*
>
> *Vou-me embora pra Pasárgada!*
> *Aqui eu não sou feliz.*
> *Quero esquecer tudo:*
> *— A dor de ser homem...*

13 Ibid., p. 216.

Esse anseio infinito e vão
De possuir o que me possui.

Quero descansar.
Morrer.
Morrer de corpo e alma.
Completamente.
(Todas as manhãs o aeroporto em frente me dá lições de partir.)

Quando a indesejada das gentes chegar
Encontrará lavrado o campo, a casa limpa,
A mesa posta,
Com cada coisa em seu lugar.[14]

A exemplo do poema anterior, também aqui Bandeira opera num plano que poderíamos chamar de metapoesia, compondo com o material que já fabricara, procedimento que depende de seu referendo para ser validado; outro pode desentranhar poesia de sua prosa, mas para que se torne um poema é preciso a sua assinatura; do mesmo modo, uma antologia de versos compondo um novo poema só pode ser de sua autoria — quaisquer outras escolhas e arranjos seriam arbitrários e legalmente impróprios. Os dois textos validam no metadiscurso o que já o fora pela autoridade da escritura em discursos anteriores. Essa marca é especialmente forte em "Antologia", publicado em seu último livro de versos, em 1960, sugerindo uma chave de leitura para a obra a partir de suas escolhas sobre o que a resume. Chama a atenção, nesse sentido, a menção à doença já na primeira estrofe (o quarto verso é o fecho do conhecido poema "Pneumotórax", de *Libertinagem*, todo ele alusivo à tuberculose), e o lugar estratégico do verso "Vou-me

14 Ibid., pp. 252-3.

embora pra Pasárgada" abrindo a segunda estrofe logo após o diagnóstico negativo sobre a vida dos versos anteriores, de que serve como a possibilidade de escape e ao mesmo tempo abertura resignada para a morte nas três estrofes finais. Mais uma vez, *Pasárgada* é a senha para a cena da origem (do poeta) e do fim (finalidade e encerramento) do homem, que estão amalgamadas ao longo da obra.

Indo um pouco além, *Pasárgada* pode ser entendida, no conjunto de suas aparições e significados, como um eixo pivotante, espécie de porta giratória que comanda um vaivém que leva a diferentes saídas, projeta e recupera, adianta-se e se atrasa, graças justamente à sua fixidez. Noutros termos, a memória tem um papel estruturante na obra poética, e *Pasárgada* é seu signo maior por remeter ao momento quase mítico da gênese do poeta e perpetuar-se, diretamente ou não, em suas manifestações. A meu ver, o livro autobiográfico, que incorpora esse emblema já no título, explicita uma concepção de literatura adequada à estratégia de autor e de escritura com que Bandeira pretende inscrever seu nome na história literária. Desse modo, pode-se pensá-lo como ferramenta, que no plano metacrítico dará instruções ao leitor a respeito de como prefere ser lido — e, num desses movimentos de vaivém, ilumina retrospectivamente o que lhe antecede na obra e servirá de guia para o que vem depois. E, em si mesmo memória, o livro põe-se em harmonia com a estrutura poética trabalhada.

3.
Autobiografia literária

Publicado no momento em que, aos 68 anos, Bandeira já está no cânone da literatura brasileira, o *Itinerário de Pasárgada* é, nos termos de Davi Arrigucci Jr., "misto de confissão, comentário crítico e poética explícita".[15] O *Jornal de Letras*, editado no Rio de Janeiro pelos irmãos Elysio, João e José Condé, em que o relato de Bandeira foi publicado originariamente em fascículos entre os anos de 1951 e 1952, diz o seguinte quando do lançamento em livro nesse último ano:

> *Itinerário de Pasárgada* não são memórias no sentido geral do termo; devemos encarar o livro particularmente como "memórias literárias", ou melhor, a autobiografia de um espírito no que concerne à sua atividade criadora e o caminho por ele percorrido no campo das letras. Encerram assim as experiências literárias de Manuel Bandeira, condicionadas geralmente pelas experiências humanas. Um dos aspectos mais interessantes do livro é aquele em que o poeta situa suas "confissões". São as revelações dos "segredos profissionais" de um artista autêntico que encontramos no *Itinerário de Pasárgada*, o testamento de um poeta na sua luminosa maturidade.[16]

15 Davi Arrigucci Jr., op. cit., p. 14. **16** Arquivos do Instituto de Estudos Brasileiros da Universidade de São Paulo (IEB/USP).

Temos então duas classificações em termos de gênero para o livro, coincidentes no essencial, em que pese o lapso de tempo e propósito que as separa: o livro deve ser lido como confissão, comentário crítico e poética explícita de um lado; memória literária, testamento e novamente confissão de outro. Arrigucci sublinha a vinculação entre os termos que mobiliza, contribuindo para fixar a perspectiva interpretativa sugerida por certos aspectos do texto de Bandeira, ao evitar termos que remetam ao biográfico, cingindo-os à "confissão", atrelada à "crítica" e à "poética"; de outro lado, a nota no *Jornal de Letras* evoca uma separação entre experiência literária e experiência humana, a primeira geralmente condicionada pela segunda, relação de exterioridade demarcada pela expressão "memórias literárias", em que os termos se qualificam reciprocamente, sugerindo uma região em separado no conjunto do vivido. E, de fato, no livro a ideia de confissão remete diretamente ao desvelamento dos segredos profissionais, expresso nos muitos momentos em que o poeta revela aspectos de sua técnica, atrelando à criação artística toda evocação do que se dá em outras dimensões da experiência.

Na mesma direção, em edição mais recente do livro, uma nota introdutória escrita por Carlos Newton Jr., organizador do volume, faz a seguinte ressalva:

> Não é demais ressaltar, para o leitor que se depara com o *Itinerário* pela primeira vez, que estamos tratando de uma autobiografia poética. Homem discretíssimo nas suas relações pessoais e sobretudo nas amorosas, Bandeira não menciona fatos de sua vida que pudessem vir a comprometer, de algum modo, a sua privacidade. Os fatos são revelados na medida em que possuem alguma

relevância para a construção de sua obra e na exata proporção em que reverberam nos poemas.[17]

Se é forçoso admitir que se trata de autobiografia, para seu bom entendimento é necessário qualificá-la devidamente, a exemplo do que os primeiros editores já procuravam fazer. A ideia de que se trata de "memórias literárias" ou de "autobiografia *poética*" tornou-se uma convenção bem aceita, por presumivelmente representar a intenção do autor, mas que incorpora como natural, ou ao menos irrefletida, uma certa visão das relações entre vida e obra. Newton Jr. é bastante claro ao usar o itálico para destacar a desimportância do que não é "poético", de modo que na autobiografia *poética* só teria entrado, justificadamente, o que estaria em relação direta com a obra. No entanto, é possível inverter a ordem das prioridades e ler o *Itinerário* como uma *autobiografia* poética, em que a organização da narrativa, da infância à maturidade, subordina a memória a um princípio de seleção estratégico. O procedimento, então, deve assemelhar-se a algo como um "raio X" desse itinerário.

O livro está dividido em 21 partes curtas, remetendo a sua origem fascicular, sem numeração ou subtítulos, separadas apenas espacialmente, além da dedicatória e de um curto texto de introdução, intitulado "Biografia de Pasárgada". Esses elementos que antecedem o texto já são bastante significativos em relação ao que sugerem de antemão ao leitor. A dedicatória é quase sumária:

A
Fernando Sabino,
Paulo Mendes Campos

17 "A 'vida nova' de Manuel Bandeira". In: Manuel Bandeira, *Itinerário de Pasárgada*. São Paulo: Global, 2012.

& João Condé,
que me fizeram escrever este livro,
dedico-o.
M. B.[18]

A justificativa da homenagem aos amigos — eles o fizeram escrever o livro — é um recurso que ameniza o peso de escrever sobre si, como uma salvaguarda em relação à pretensão e à vaidade, transferindo a outro o interesse pela empreitada. A nota introdutória limita-se a comentar as circunstâncias em que o poema "Vou-me embora..." foi gerado, como exteriorização de "um grito de evasão". É seu título que merece maior atenção: a palavra "biografia" dirige-se apenas ao poema, mas metonimicamente refere-se ao texto do livro, assumindo-o assim como uma *biografia*, sem necessidade de qualificação outra.

O primeiro capítulo[19] dedica-se às "impressões poéticas da primeira infância", no Recife natal, estimuladas pelo pai. Bandeira comenta trechos de histórias e canções de então, muitas reaproveitadas em seus poemas, os livros de imagens que propiciam a revelação de uma "realidade mais bela, diferente da realidade cotidiana" e despertam o "meu primeiro desejo de evasão"; esclarece que, "No fundo, já era Pasárgada que se prenunciava"[20] e explica que nesse momento formou sua mitologia: "Quando comparo esses quatro anos de minha meninice a quaisquer outros quatro anos de minha vida de adulto, fico espantado do vazio destes últimos em cotejo com a densidade daquela quadra distante".[21] No seu essencial, portanto, o poeta se forma na primeira infância, e os demais capítulos vão cingindo o desenvolvimento da vida ao da percepção e da

---

18 Manuel Bandeira, *Itinerário de Pasárgada*, op. cit., p. 21. 19 Lembrando que as partes não são designadas assim no original. 20 Manuel Bandeira, *Itinerário de Pasárgada*, op. cit., p. 28. 21 Ibid, p. 29.

obra poética. Assim o segundo capítulo passa à vida escolar no Rio de Janeiro, filtrada pelas novas leituras e pela influência literária exercida pelos professores e pelos colegas, e aparecem as primeiras digressões sobre a técnica poética. O trecho final registra a publicação dos primeiros versos e, na sequência, faz a passagem para a vida adulta:

> A publicação desses versos na primeira página do *Correio* como que me saciou por completo a fome de glória. Pouco tempo depois partia eu para São Paulo, onde ia matricular-me no curso de engenheiro-arquiteto da escola Politécnica. Pensava que a idade dos versos estava definitivamente encerrada. Ia começar para mim outra vida. No fim do ano letivo adoeci e tive de abandonar os estudos, sem saber que seria para sempre. Sem saber que os versos, que eu fizera em menino por divertimento, principiaria então a fazê-los por necessidade, por fatalidade.[22]

Esses dois primeiros fragmentos do livro dão conta da lógica fundamental do relato, estabelecendo o propósito da vida colado à descoberta precoce da poesia, e remetendo ambos ao momento crucial da descoberta da doença, que, como vimos, escapa de seu tempo de gênese e, transmutado em memória (na articulação dos dois modos: evocação de aspectos do vivido e subsunção desses elementos a uma representação fixa — Pasárgada), torna-se elemento de sustentação da poesia. Os demais fragmentos desenvolvem os detalhes e as materializações da vocação em diversos aspectos: as influências literárias, comentários e críticas de poemas próprios e de outros, os livros publicados, o processo de consagração etc. É curiosa a disjunção estabelecida entre o fazedor de versos por divertimento e

22 Ibid., p. 37.

123

aquele por fatalidade, se atentarmos que o prenúncio de Pasárgada vem antes da doença, como revelado. No próximo capítulo, a percepção de uma realidade superior ao plano do cotidiano é descrita como "alumbramento", estado psicológico e emocional no domínio do irrefletido, além ou aquém da consciência, descrito como um tipo de epifania:

> Na minha experiência pessoal fui verificando que o meu esforço consciente só resultava em insatisfação, ao passo que o que me saía do subconsciente, numa espécie de transe ou alumbramento, tinha ao menos a virtude de me deixar aliviado de minhas angústias. Longe de me sentir humilhado, rejubilava, como se de repente me tivessem posto em estado de graça. Mas *A cinza das horas*, *Carnaval* e mesmo *O ritmo dissoluto* ainda estão cheios de poemas que foram fabricados *en toute lucidité*. A partir de *Libertinagem* é que me resignei à condição de poeta quando Deus é servido.[23]

Trata-se aqui de uma experiência de iluminação que precede o júbilo proporcionado pela produção que escapou da lucidez, e serve ainda de consolo emocional. A condição de poeta "quando Deus é servido" aproxima-se bastante da experiência religiosa.

Seguem-se dois capítulos dedicados a abordar o modo de incorporação das influências literárias, que fazem uso de comentários sobre alguns poemas, e detalham a conquista do verso livre associada a questões técnicas de metrificação, que mostra dominar perfeitamente. No próximo as influências literárias cedem espaço às de outros domínios, como o desenho e sobretudo a música, expressão artística considerada a mais alta, e Bandeira comenta suas tentativas de usar formas musicais na poesia. O fio cronológico da narrativa é retomado

---

23 Ibid., p. 40.

no sétimo capítulo, que lembra o ano passado no sanatório de Clavadel, na Suíça; ou melhor, resume a estada a duas observações, a ausência de impacto literário da experiência e o contato com dois poetas, também internos no sanatório, o francês Paul Éluard e o húngaro Charles Picker.

A partir do capítulo 8, a narrativa segue mais colada à vida literária brasileira, com a publicação dos primeiros livros de poesia. *A cinza das horas* parece desqualificado de modo sumário:

> Nada tenho a dizer desses versos, senão que ainda me parecem hoje, como me pareciam então, não transcender a minha experiência pessoal, como se fossem simples queixumes de um doente desenganado, coisa que pode ser comovente no plano humano, mas não no plano artístico. No entanto publiquei o livro, ainda que sem intenção de começar carreira literária: desejava apenas dar-me a ilusão de não viver inteiramente ocioso.[24]

Contudo, como reconhece o próprio poeta, o livro foi publicado e jamais renegado ou escondido, como sói acontecer com tantos livros de estreia, e Bandeira registra ainda excertos de críticas positivas que recebeu. Também em relação a *Carnaval*, que chama de seu "batismo de fogo", reúne a repercussão positiva da obra, e a autocrítica assume a autoironia e o humor: "Certa revista deu sobre ele uma nota curta, mais ou menos nestes termos: 'O sr. Manuel Bandeira inicia o seu livro com o seguinte verso; "Quero beber! Cantar asneiras…" Pois conseguiu plenamente o que desejava'".[25]

Em seguida um capítulo é dedicado à rua do Curvelo, concentrando informações já descritas: a vizinhança e a amizade com Ribeiro Couto, a morte do pai, os três livros lá concebidos,

24 Ibid., pp. 73-4. 25 Ibid., pp. 77-8.

o "cotidiano humilde", que inclui um primeiro distanciamento do modernismo:

> A Rua do Curvelo ensinou-me muitas coisas. Couto foi avisada testemunha disso e sabe que o elemento de humilde cotidiano que começou desde então a se fazer sentir em minha poesia não resultava de nenhuma intenção modernista. Resultou, muito simplesmente, do ambiente do Morro do Curvelo.[26]

Bandeira referenda ainda a opinião de Couto sobre a importância do Curvelo, que teria proporcionado ao amigo o contato com a rua, que nenhuma leitura pode substituir, e ressalta que foi por seu intermédio que conheceu a nova geração do Rio e de São Paulo (são citados Ronald de Carvalho, Álvaro Moreyra, Di Cavalcanti, Mário e Oswald de Andrade, Olegário Mariano). Tem-se aí o mote para tratar da relação com o modernismo, assunto do capítulo 10, em que a separação que traça com o movimento é a preocupação dominante, mesmo reconhecendo Mário de Andrade como "a última grande influência que recebi", e isso a despeito da avaliação negativa que faz questão de registrar sobre a poesia de Mário. Como registra igualmente as marcas da distância que enumera visando preservar: a colaboração "com restrições" com a revista *Klaxon*, como demonstra a recusa em participar do número dedicado a Graça Aranha, e a decisão de não ir a São Paulo para a Semana de Arte Moderna. O comentário que segue sobre *O ritmo dissoluto* parece encerrar abruptamente a questão, e o fragmento posterior retoma a relação entre poesia e música em seu trabalho, a partir de uma ambígua demonstração de modéstia:

26 Ibid., p. 82.

Não alimento nenhum desejo de imortalidade. O meu poema "A morte absoluta" não foi sincero apenas na hora em que o escrevi, o que é afinal a única sinceridade que se deve exigir de uma obra de arte. Posso dizer na mais inteira tranquilidade que pouco se me dá, quando morrer, morrer completamente e para sempre na minha carne e na minha poesia. No entanto, já não será possível para alguns de meus versos aquela serena paz da morte absoluta, e até estou certo de que eles chegarão bem longe na posteridade, não por virtude própria, mas porque, a exemplo dos poemas alemães musicados por Schubert, ganharam indefinida ressonância como textos de deliciosos *lieder* de Villa-Lobos, de Mignone, de Camargo Guarnieri, de Lorenzo Fernandez, de Jaime Ovalle, de Radamés Gnattali...[27]

O vaticínio de Bandeira já era no mínimo muito improvável no momento em que é pronunciado, mas serve bem como recurso para ostentar certo desdém pela glória no passo mesmo em que o admite e, mais especialmente, valorizando o que há de "musicalidade subentendida" em seus poemas, o que os aproxima de uma forma ainda mais alta de arte. Ainda nesse capítulo, há a primeira menção a algo que não seja da órbita da literatura, como interpolação a um comentário sobre as *Canções de cordialidade* de Villa-Lobos:

Uma destas canções, a de "Boas-vindas", foi cantada em praça pública no dia 7 de setembro de 1951, sob a regência do próprio Villa-Lobos. Os comunistas aproveitaram a ocasião para praticar mais uma daquelas sordícies em que são mestres: assoalharam no seu pasquim que a canção havia sido encomendada a Villa-Lobos e a mim pelo Ministério

27 Ibid., pp. 95-6.

da Educação para bajular uma missão norte-americana que compareceria à cerimônia. Palavra de comunista não merece fé nem resposta? Era o que eu pensava. Vi, porém, neste caso que todo cuidado com eles é pouco. Pois um vereador comunista afirmou a mentira em plena sessão da Câmara Municipal e dois outros vereadores não comunistas [...] foram inocentemente na onda e fizeram coro com o comuna, secundando que de fato a coisa era de costa acima...[28]

Importam menos o conteúdo e a substância dos posicionamentos políticos de Bandeira do que o simples fato de ter desejado expor uma ação que os revela sem meios-tons, em meio a suas "confissões literárias". O mal-estar provocado pela suspeita de colaboração com o governo tampouco é irrelevante, mas disso trataremos adiante.

Os capítulos 13 e 14 estão focados no livro *Libertinagem*, que, considerado por ele o mais afim à estética modernista, enseja novas considerações a respeito disso, como uma análise do poema-piada. O tratamento do volume, embora não muito extenso, vai da arte da capa aos poemas comentados, entre eles "Vou-me embora pra Pasárgada", que suscita o seguinte esclarecimento:

Gosto desse poema porque vejo nele, em escorço, toda a minha vida; e também porque parece que nele soube transmitir a tantas outras pessoas a visão e promessa da minha adolescência — essa Pasárgada onde podemos viver pelo sonho o que a vida madrasta não nos quis dar. Não sou arquiteto, como meu pai desejava, não fiz nenhuma casa, mas reconstruí, e "não como forma imperfeita neste mundo de aparências", uma cidade ilustre, que hoje não é mais a Pasárgada de Ciro, e sim a "minha" Pasárgada.[29]

28 Ibid., p. 100. 29 Ibid., p. 116.

Ou seja, Pasárgada é assumida pelo poeta como miniatura antecipada do conjunto da vida, cidade e cidadela cujos contornos agora são a própria obra de que serve como metáfora, em outro giro do eixo, plenamente assimilável aos que acompanhamos antes. Os próximos livros comentados serão *Estrela da manhã* e *Lira dos cinquent'anos*, escritos na rua Morais e Vale, nova residência de Bandeira, que enseja um aprofundamento da empatia com a condição de pobreza e do estatuto do quarto do poeta como mediador entre a realidade externa e o mundo que a consciência e o sentimento abrigam, conforme a análise de Davi Arrigucci Jr.:

> Da janela do meu quarto em Morais e Vale podia eu contemplar a paisagem, não como fazia no Morro do Curvelo, sobranceiramente, mas como que de dentro dela: as copas das árvores do Passeio Público, os pátios do Convento do Carmo, a baía, a capelinha da Glória do Outeiro... No entanto quando chegava à janela, o que me retinha os olhos, e a meditação, não era nada disso: era o becozinho sujo embaixo, onde vivia tanta gente pobre — lavadeiras e costureiras, fotógrafos do Passeio Público, garçons de cafés. Esse sentimento de solidariedade com a miséria é que tentei pôr no "Poema do beco" [...].[30]

No fim desse capítulo, Bandeira se vê na obrigação de esclarecer que esse sentimento não se desdobra em ativismo:

> Em "Chanson des petits esclaves" e "Trucidaram o rio" aparece pela primeira vez em minha poesia a emoção social. Ela reaparecerá mais tarde em "O martelo" e "Testamento" (*Lira dos cinquent'anos*), em "No vosso e em meu coração" (*Belo belo*), e na "Lira do Brigadeiro" (*Mafuá do malungo*). Não se deve julgar por essas poucas e breves notas a minha carga emocional

---

30 Manuel Bandeira, *Itinerário de Pasárgada*, op. cit., p. 120.

dessa espécie: intenso é o meu desejo de participação, mas sei, de ciência certa, que sou um poeta menor. Em tais altas paragens só respira à vontade entre nós, atualmente, o poeta que escreveu o *Sentimento do mundo* e *A rosa do povo*.[31]

A lista de poemas que Bandeira classifica como de "emoção social" causa certo estranhamento por parecer exaustiva, deixando de fora, assim, poemas que de imediato poderiam ser reconhecidos nessa rubrica, como, entre outros, "Meninos carvoeiros" (*O ritmo dissoluto*), "O bicho" (*Belo belo*), "Poema tirado de uma notícia de jornal" (*Libertinagem*). Tentar apreender a lógica dessa seleção passa por atentar aos poemas, quase todos pouco conhecidos.

"Chanson des petits esclaves" é um poema escrito em francês, e ademais um tanto obscuro (o que é raro na obra), que faz uma exortação bastante genérica pela libertação, sem deixar claro se a referência é a condição social, a psicoemocional ou ambas.[32] "Trucidaram o rio"[33] também não escapa de certa indeterminação e hermetismo, de modo que seu caráter "social" ficaria adstrito a um alerta pela preservação dos rios. "Testamento"[34] pertence à

31 Ibid., p. 121. **32** "*Constellations/ Maîtresses vraiment/ Trop insouciantes/ O petits esclaves/ Secouez vos chaînes// Les cieux sont plus sombres/ Que les beaux miroirs/ Fini le tracas/ Finie toute peine// O petits esclaves/ Black-boulez les reines// La folle journée/ J'aurai vite fait/ D'avoir mis d'emblée/ Toutes les sirènes/ Sous mes arrosoirs// Car voici demain// O petits esclaves/ Secouez vos chaînes/ Donnez--vous la main*". Em tradução livre: "Constelações/ Amantes de fato/ Muito despreocupados/ Ó pequenos escravos/ Agitai vossas correntes// Os céus são mais sombrios/ Que os belos espelhos/ Finda a disputa/ Acaba toda dor// Ó pequenos escravos/ Derrubai as rainhas// A louca jornada/ Terei já completado/ Por ter logo posto/ Todas as sereias/ Sob o meu regador/ Pois aqui está o amanhã// Ó pequenos escravos/ Agitai vossas correntes/ Deem-se as mãos". **33** "Prendei o rio/ Maltratai o rio/ Trucidai o rio/ A água não morre/ A água que é feita/ De gotas inermes/ Que um dia serão / Maiores que o rio/ Grandes como o oceano/ Fortes como os gelos/ Os gelos polares/ Que tudo arrebentam." **34** "O que não tenho e desejo/ É que melhor me enriquece./ Tive uns dinheiros — perdi-os.../ Tive amores — esqueci-os./ Mas no maior desespero/ Rezei:

chave autobiográfica, e só a última estrofe contém elementos que evocariam certa "emoção social", mas que, lida no conjunto do poema, parece permitir interpretações diversas. Talvez a informação mais significativa esteja no verso final da penúltima estrofe: "Sou poeta menor, perdoai!", que justificaria de antemão a incapacidade expressa nos dois primeiros versos da última estrofe: "Não faço versos de guerra/ Não faço porque não sei". "No vosso e em meu coração"[35] é uma ode à Espanha livre do fascismo, louvando suas grandes expressões culturais — configurando, portanto, o primeiro poema da série que implica um empenho de posicionamento político bastante objetivo e contextualizado. O mesmo se dá com "Lira do Brigadeiro"[36] (*Mafuá do malungo*), mas aqui

ganhei essa prece.// Vi terras da minha terra./ Por outras terras andei./ Mas o que ficou marcado/ No meu olhar fatigado,/ Foram terras que inventei.// Gosto muito de crianças/ Não tive um filho de meu./ Um filho!... Não foi de jeito.../ Mas trago dentro do peito/ Meu filho que não nasceu.// Criou-me desde eu menino/ Para arquiteto meu pai/ Foi-se-me um dia a saúde.../ Fiz-me arquiteto? Não pude!/ Sou poeta menor, perdoai!// Não faço versos de guerra/ Não faço porque não sei./ Mas num torpedo-suicida/ Darei de bom grado a vida/ Na luta em que não lutei." **35** Seguem-se os sete primeiros versos, que dão o tom geral do poema: "Espanha no coração:/ No coração de Neruda,/ No vosso e em meu coração./ Espanha da liberdade,/ Não a Espanha da opressão/ Espanha republicana:/ A Espanha de Franco, não!". **36** Transcrevo trechos dos três poemas que o constituem: de "O Brigadeiro": "[...] Brigadeiro do ar Eduardo/ Gomes, oh glória castiça!/ Que promete se chegar/ Ao posto que não cobiça?/ — A Justiça!// O Brasil, barco tão grande/ Perdido em denso nevoeiro,/ Pela mão firme que o mande:/ Deus manda que timoneiro?/ O Brigadeiro!". De "Brigadeiro praticante": "[...] Brigadeiro praticante,/ Comunga, e quando comunga,/ Incorpora um Deus ativo:/ Não o Deus, inútil calunga,/ Sim o Deus vivo! [...]// Comunga, mas não comunga/ Com os impostores ateus/ e os ricos do Estado Novo:/ Comunga só com o seu Deus/ E com o povo!". De "Embolada do Brigadeiro": "[...] Homem mesmo escandaloso,/ Pois não mata,/ Pois não furta,/ Pois não mente,/ Não engana, nem intriga,/ Tem preceito, tem ensino:/ Foi assim desde tenente/ Foi assim desde menino!// Homem mesmo escandaloso!/ Não tem mancha,/ Não tem medo,/ Quem não sente?/ Brigadeiro da fiúza,/ Sem agacho, sem empino:/ Foi assim desde tenente,/ Foi assim desde menino!".

a poesia está a serviço de uma causa ainda mais específica e localizada, a campanha pela eleição à presidência do brigadeiro Eduardo Gomes pela UDN em 1945, em que seria derrotado por Eurico Gaspar Dutra. Com origem política no movimento tenentista dos anos 1920, Gomes seria novamente candidato em 1950, no pleito vencido por Getúlio Vargas, e participaria do golpe militar de 1964, apoiado por Bandeira. A "Lira do Brigadeiro", publicada no jornal *Correio da Manhã* em 1945, é um conjunto de três poemas ("O Brigadeiro", "Brigadeiro praticante", referindo-se positivamente à fé católica do candidato, e "Embolada do Brigadeiro") em que as afinidades políticas ficam manifestas no tom encomiástico com que o poeta recomenda seu candidato, que aproxima das virtudes dos santos. O poema "O martelo"[37] (*Lira dos cinquent'anos*) ocupa um lugar à parte nessa lista, dado seu rendimento estético — e o reconhecimento deste — muito acima dos demais. De fato, olhando de perto os poemas elencados por Bandeira, "Chanson des petits esclaves" e "Trucidaram o rio" estariam longe dos mais reconhecidos de *Estrela da manhã*; "Testamento", embora mais próximo do que é visto como o melhor de Bandeira, ficaria obscurecido em *Lira dos cinquent'anos* diante, por exemplo, de "O martelo"... Quanto a "No vosso e em meu coração" e "Lira do Brigadeiro", é o caráter mais imediatamente político e mesmo partidário que creio ter afastado juízos mais centrados na técnica poética — ainda assim, são os recursos de versificação usados por Bandeira que afastam o texto do puro panfleto. Em suma, apenas um entre os seis poemas que expressam "emoção social" figura, provavelmente sem grandes

---

37 "As rodas rangem nas curvas dos trilhos/ Inexoravelmente./ Mas eu salvei do meu naufrágio/ Os elementos mais cotidianos./ O meu quarto resume o passado em todas as casas que habitei./ Dentro da noite/ No cerne duro da cidade/ Me sinto protegido./ Do jardim do convento/ Vem o pio da coruja./ Doce como um arrulho de pomba/ Sei que amanhã quando acordar/ Ouvirei o martelo do ferreiro/ Bater corajoso o seu cântico de certezas."

controvérsias, entre os maiores do poeta; justo aquele em que, num paradoxo significativo, a enunciação dessa emoção é a mais sutil, a mais tecnicamente elaborada. Na avaliação de Davi Arrigucci Jr.,[38] o poema resgataria a solidariedade com a pobreza, signo da fragilidade da vida: é a percepção do trabalho regular e humilde do ferreiro que traz conforto ante as ameaças da noite e da cidade, e assim a poesia cumpriria sua função social. "O martelo" suscita sem dúvida esse viés de abordagem, de resto estimulada pela declaração de seu autor, sem prejuízo de outras possibilidades de leitura abertas pela complexidade do texto. Ou seja, a poesia social de Bandeira incluiria, entre alguns poemas "menores" em diferentes graus, ao menos um poema "maior". Creio que a estratégia (ainda que não refletida) adotada consiste em associar a poesia social à "alta" poesia, paragem habitada por Drummond, ao passo que restaria ao poeta menor a poesia da miudeza vivida e rememorada; mas, ao mesmo tempo, há uma sutil desqualificação dessa "alta" poesia nas amostras que o poeta traz escolhidas à mão de sua obra, que deve então fornecer ao menos um exemplo de como não lhe faltam recursos para atingir as altas paragens a que não aspira. E no exemplo escolhido por ele há o elemento que singulariza sua expressão do social, mais uma vez ligada à memória, no verso "O meu quarto resume o passado em todas as casas que habitei", que ganha destaque, até graficamente, por ser a frase mais longa do texto, em que o quarto agora é o depositário dos recursos (os elementos salvos do naufrágio) que lhe permitirão, porque hauridos ontem, no passado, sentir-se seguro no presente.

O capítulo 16 está centrado no cinquentenário de nascimento, destacando a estreia numa editora comercial, com as *Crônicas da província do Brasil* (editora Civilização Brasileira), coletânea de textos em jornal, um volume de poemas

---

38 Davi Arrigucci Jr., op. cit., pp. 26-7.

escolhidos e a preparação de uma antologia da poesia românica encomendada por Gustavo Capanema: "Queria o grande ministro, que tão generoso impulso deu entre nós às artes (a ele deve muito a glória de um Portinari, de um Niemeyer), queria que eu resumisse em cinco antologias a melhor poesia do Brasil".[39]

Bandeira lembra ainda sua atividade como crítico de arte:

> Tempo houve em que, parte por necessidade, parte por presunção, andei escrevendo sobre música e sobre artes plásticas. [...] fiz parte da tropa de choque que defendeu, apregoou e procurou explicar a nova arte de músicos, pintores, escultores e arquitetos modernos. Pouco a pouco, porém, fui perdendo não só a presunção como também o entusiasmo. É que os artistas só nos reconhecem, a nós poetas, autoridade para falar sobre eles quando os lisonjeamos.[40]

Embora lamente a eventual desconfiança dos artistas sobre o juízo de um poeta, fica subentendido que este é também um moderno, termo mais amplo que "modernista" e identifica-se como artista, mesma ampliação de horizonte em relação a "poeta". O relato que se segue, sobre a eleição para a Academia Brasileira de Letras, concentra-se defensivamente em justificativas para aceitar a candidatura, sempre enfatizando tratar-se não de iniciativa própria, mas de sucumbência às instâncias insistentes dos amigos, que o fazem vencer as "ojerizas" — como se expressa no livro — que a entidade lhe inspirava. Num poema publicado no *Mafuá do malungo*, Bandeira assume essa mesma posição de incentivador em relação a Guimarães Rosa, presença que dignificaria a sua própria:

39 Manuel Bandeira, *Itinerário de Pasárgada*, op. cit., pp. 125-6. **40** Ibid., p. 127.

A GUIMARÃES ROSA

Não permita Deus que eu morra
Sem que ainda vote em você;
Sem que, Rosa amigo, toda
Quinta-feira que Deus dê,
Tome chá na Academia
Ao lado de vosmecê,
Rosa dos seus e dos outros,
Rosa da gente e do mundo,
Rosa de intensa poesia
De fino olor sem segundo;
Rosa do Rio e da Rua,
Rosa do sertão profundo!

Bandeira mostra-se bastante à vontade no lugar de anfitrião dos "modernos" que vierem, legitimadores de sua própria situação; essa mesma disposição se repete no discurso de posse na ABL, em que faz o elogio de seu patrono, Júlio Ribeiro, comentando com desenvoltura a obra, como quem fala entre pares na língua franca da literatura, peixe dentro d'água e guardião de uma ortodoxia — em franca oposição à estratégia heterodoxa do sem-lugar Paulo Coelho. A sequência do texto retoma o fio do cinquentenário e também do autoelogio eufemizado, como no comentário dos poemas "Cossante" e "Cantar de amor", de *Lira dos cinquent'anos*:

> Me sinto com a cara no chão, mas a verdade precisa ser dita ao menos uma vez: aos 52 anos eu ignorava a admirável forma lírica da canção paralelística, ignorava a não menos admirável combinação estrófica (*abab cdcd efef gg*) derivada por Wyatt e Surrey do soneto petrarquiano, aparentemente menos dificultosa, na realidade bem mais

incômoda de manejar por causa da passagem da quadra para o dístico, o mesmo buraco da oitava rima.[41]

A mesma demonstração de erudição acompanha a referência aos poemas que traduziu com sucesso, graças a seu conhecimento da técnica de versificação do autor e da língua de partida em geral. E aparece ainda no modo incorporado, como ao relatar as circunstâncias da composição de "A última canção do beco":

Na véspera de me mudar da rua Morais e Vale, às seis e tanto da tarde, tinha eu acabado de arrumar os meus troços e caíra exausto na cama. [...] De repente a emoção se ritmou em redondilhas, escrevi a primeira estrofe, mas era hora de vestir-me para sair, vesti-me com os versos surdindo na cabeça [...]. Chegando em meu destino, pedi um lápis e escrevi o que ainda guardava de cor... De volta a casa, bati os versos na máquina e fiquei espantadíssimo ao verificar que o poema se compusera, à minha revelia, *em sete estrofes de sete versos de sete sílabas.*[42]

Esse relato, a exemplo de outros em que os poemas foram sonhados, mostra um paradigma de composição que se repete, descrito na frase que o precede: "Não faço poesia quando quero e sim quando ela, poesia, quer", variante do "poeta quando Deus é servido". E, sempre, poeta menor, vide a insistência no trecho final do capítulo: "Quando a meu pai chamavam de bom, a sua resposta invariável era: — Bom é Deus. Pois ao me ouvir chamar de grande poeta, quero sempre dizer: — Grande é Dante".

As três últimas partes do *Itinerário* retomam a alusão aos poemas e o registro dos livros, que inclui *Belo belo*, *Mafuá do*

41 Ibid., p. 138.   42 Ibid., p. 140.

malungo e as novas edições das *Poesias escolhidas* e *Poesias completas*, destacando a inclusão do poema "Infância", já comentado aqui, que excluíra da edição anterior por conter o verso "Uma noite a menina me tirou da roda de coelho-sai, me levou, imperiosa e ofegante, para um desvão da casa de dona Aninha Viegas, levantou a sainha e disse mete", com a seguinte explicação:

> O que eu temia não era a condenação dos homens graves, nem da crítica desafeta, que me atribuísse intenção de escândalo. Não, o que eu não queria era chocar as minhas fãs menores de dezesseis anos. Afinal o meu escrúpulo foi-se gastando com o tempo, é verdade que ajudado pela opinião de amigos, alguns deles católicos e um até sacerdote, que me tranquilizou dizendo: — Muito inocente, muito inocente. Assim decidi incluir o poema, com todos os ff e rr, na edição de 51.[43]

A menção do poema no fim do livro remete a seu início, como se as experiências da infância e o valor que lhes atribui fechassem o ciclo das reminiscências que perpassa toda a narrativa; a pureza, um desses valores, é afirmada então no plano moral, como oficialmente inocente, o que reabilita o poema. Mas a pureza está também no processo de criação não conspurcado pela intervenção cerebrina, como mostra o poema "Lutador", transcrição de versos que lhe vieram no sono, episódio que é registrado num paralelo com o que ocorrera a Coleridge no poema "Kubla Khan". Em relação ao *Mafuá do malungo*, Bandeira faz um paralelo com o livro *Cortesía*, de Alfonso Reyes, publicado no México no mesmo ano, e aproveita o prefácio escrito por seu autor:

---

43 Ibid., p. 146.

Em curto prefácio, depois de recordar a produção, no gênero, de Marcial, Góngora, Juana Inês de la Cruz, Mallarmé e Rubén Darío, lamenta Reyes que se tenha perdido o bom costume de tomar a sério — "*o mejor en broma*" — os versos sociais, de álbum, de cortesia. E acrescenta essas palavras que eu gostaria de ter tomado por epígrafe do meu *Mafuá*: "*Desde ahora digo que quien sólo canta en do de pecho no sabe cantar: que quien solo trata en versos para las cosas sublimes no vive la verdadera vida de la poesía e de las letras, sino que las lleva postizas como adorno para las fiestas*".[44]

A prática da poesia menor, agora também no sentido de não altaneira quanto ao tom da expressão, é requisito para o poeta verdadeiro, portanto virtude. Bandeira faz girar o eixo semântico do "menor", agora para o polo positivo, que o põe na companhia dos luminares citados por Reyes.

No capítulo que encerra o livro, Bandeira comenta rapidamente sua relação com os novos e propõe voltar ao passado, recordando a doença que desde 1904 o fez viver "esperando a morte para qualquer momento, como que provisoriamente";[45] e os efeitos disso estão condensados no último parágrafo, com o auxílio de Otto Maria Carpeaux:

Otto Maria Carpeaux, escrevendo uma vez a meu respeito, disse, com certa intuição, que no livro ideal em que ele estruturaria a ordem da minha poesia, esta partia "da vida inteira que poderia ter sido e que não foi" para outra vida que viera ficando "cada vez mais cheia de tudo". De fato esse é o sentido profundo da "Canção do vento e da minha vida". De fato cheguei ao apaziguamento das minhas insatisfações e das minhas revoltas pela descoberta de ter dado à angústia

---

44 Ibid., p. 152.　**45** Ibid., p. 156.

de muitos uma palavra fraterna. Agora a morte pode vir —
essa morte que espero desde os dezoito anos: tenho a impressão que ela encontrará, como em "Consoada" está dito,
"a casa limpa, a mesa posta, com cada coisa em seu lugar".[46]

À sequência de versos definidos pelo crítico como divisas da
obra Bandeira associa um terceiro que daria completude não
só à obra, mas à vida, gesto que resume o trabalho incessante
do livro em fazer coincidir, com inteireza e perfeição de encaixe, os perímetros da vida e da obra.

---

46 Ibid., p. 157.

4.
Vida-obra

A poesia e a autobiografia de Manuel Bandeira reforçam reciprocamente a mesma postura autoral, e o *Itinerário* referenda uma poética e um conjunto de instruções para a leitura de sua poesia acordes com tal posicionamento. Esse efeito é alcançado pela proposição de certo tipo de unidade aliado a uma espécie de sincronia, de que o eixo *"Pasárgada"* é o principal operador, que faz convergir todos os acontecimentos para a unidade pretendida, cristalizada na imagem do *homme-plume* cunhada por Flaubert.[47] As escolhas do que é dito e de como é dito no livro convergem para demonstrar que a poesia encerra para Bandeira seu modo de ser e estar no mundo; assim, a história de sua obra é a totalidade de sua história, mas então a obra não pode ter outra história senão a da própria autobiografia. Esse mecanismo desestimula o leitor de tentar outra leitura fora daquela entranhada pelo autor no livro que lê. A descrição comentada do livro na seção anterior procurou constituir os andaimes desse edifício, deixando entrever o sentido da unidade sincrônica. Assim, o poeta Bandeira e a poesia são *um*, e não há quase nada digno de nota exterior a esse círculo. A unidade revela-se em seu controle pleno da história literária

47 Comentando em carta de 1852 a Louise Collet, Flaubert diz sobre o lugar da literatura em sua vida: *"Je suis l'homme-plume. Je sens par elle, à cause d'elle, par rapport à elle et beaucoup plus avec elle"* ("Sou o homem-pena. Eu sinto através dela, por causa dela, em relação a ela e muito mais com ela", em tradução livre).

brasileira, que lecionou e de que produziu textos de referência, e ancora-se no conjunto de seus recursos líricos e técnicos, mobilizados no *Itinerário* e responsáveis por uma obra poética que vai do penumbrismo e simbolismo do início até as experiências concretistas da fase final; assim, é no espectro do modernismo que a obra está localizada, mas essa referência é posta por ele mais no plano da cronologia que da classificação por estilo ou gênero de fatura literária. A ambiguidade em relação ao pertencimento ao movimento modernista é expressão disso: Bandeira quer desvencilhar-se de "ismos" para permanecer fiel apenas à poesia no sentido lato, que pode se concretizar em versos livres e abordagem moderna dos temas, mas também em sonetos e demais formas fixas tradicionais; na cantiga provençal, mas também em formas desenvolvidas pela poesia árabe antiga ou em poemas concretos — para registrar algumas das variantes praticadas por ele, poeta total a quem nenhum registro poético soaria estranho.

Ou seja, o poeta concentra em si uma miríade de possibilidades expressivas que remete à totalidade do *fenômeno poético* com que está fundido — e a vida a ser contada resume-se à organização inteira da experiência em torno dele. Todos os eventos ganham sentido quando articulados à espécie de fato social total mágico que são a experiência da poesia e as condições imediatas em que ela se materializa no poema; ou, dito de outro modo, não há acontecimentos ou condições de possibilidade para a vida literária que estejam *fora* da literatura, que se engendra a si mesma num processo autotélico.

Nesse sentido, a curta narrativa é eloquente também — e sobretudo — naquilo que silencia, ou seja, tudo que poderia perturbar o efeito encantatório de uma vivência integralmente poética. Assim, na figura do pai engenheiro sobressai seu interesse pelas letras que faz dele o iniciador do filho nesse mundo, mas não há qualquer comentário sobre a origem e a situação da família; as ligações amorosas são suprimidas; a doença, como já foi dito, é vivida integralmente como condição de remissão total ao fato poético; as raras menções à vida pública são alusivas e o poeta esquiva-se de reconhecer qualquer implicação desta com sua vida, silenciando sobre as afinidades políticas e pessoais que lhe proporcionaram os empregos públicos que obteve; ou, ampliando esse último ponto, desconsiderando as ligações dos modernistas com as elites e com a camada dirigente que os apoiou. Enfim, a poesia se funde com a vida, desde que o conjunto dos ligamentos sociais que a tornam possível fique de fora desse arranjo, como que poupando o leitor de qualquer detalhe que possa conspurcar a idealidade da realização literária com a marca das condições objetivas de seu desenvolvimento.

O relato não escapa, portanto, de uma representação teleológica da existência; a vida é apresentada como uma totalidade coerente e orientada por um projeto que cedo se revelaria por meio da doença. Paradoxalmente, no entanto, a enunciação de si produzida por Bandeira é tributária da autoridade específica que possui o autor consagrado que toma a palavra e contribui assim para, afirmando a ligação com a poesia como superação da ligação com o mundo (ou de sua impossibilidade), realizar nesse gesto mesmo o elo negado, ao marcar ostensivamente seu lugar no sistema literário através da construção de uma imagem pública apoiada num sistema eficaz de silenciamento de que o *Itinerário* é o marco retórico mais importante. Nesse ponto, é importante lembrar que na ausência de um trabalho historiográfico mais objetivo sobre a trajetória de Bandeira, o livro converteu-se em fonte com autoridade absoluta; mas essa mesma lacuna deveu-se muito ao próprio poeta, que obteve de seu círculo mais próximo plena fidelidade em evitar escrever sobre sua vida. Uma exceção digna de nota é o esboço biográfico feito por Francisco de Assis Barbosa, que, a despeito de dizer que as relações amorosas são "território inviolado e inviolável" segundo a vontade do poeta, não se furta a conspurcar a imagem de solteirão, de celibatário sem filhos, e assim a inferência sugerida de um casamento exclusivo com a poesia, ao revelar alguns detalhes da relação amorosa mais importante do poeta, Frederique Blank, apelidada de Moussy: a relação nunca assumida publicamente (Blank era casada) durará mais de cinquenta anos a partir de seu contato como vizinhos em Santa Teresa, em 1908. É sob o impacto da doença da companheira, que partiria para sua Holanda natal em 1964, ano de seu falecimento, que Bandeira escreve a série de poemas "Preparação para a morte", incluídos no livro *Estrela da tarde*. As ligações com as questões políticas de seu tempo aparecem nas menções assinaladas, mas estas como que escamoteiam seu sentido ao serem convertidas em fatos anedóticos, o mesmo se dando com a militância artística. Mas, para além do credo udenista expresso no poema de louvação ao Brigadeiro, há outros e variados engajamentos, como a atuação como primeiro presidente da Associação Brasileira de Escritores, fundada em 1942, órgão de resistência contra o regime varguista a que ele permanece ligado até 1949, quando se afasta por desavenças com o grupo comunista. Ou ainda a ligação com a Esquerda Democrática, frente antivarguista que integrou a convite de Sérgio Buarque de Holanda, e posteriormente a candidatura a deputado federal pelo Partido Socialista Brasileiro em 1950, episódio tratado como uma concessão do homem avesso à política aos pedidos insistentes para compor simbolicamente a chapa do partido. Essa ostentação de um absenteísmo político faz par com a reserva quanto à militância modernista, ambas expressões do distanciamento das facções e tendências em prol da integridade da relação com a arte.

Em suma, no *Itinerário de Pasárgada* a memória é convocada por Bandeira como mecanismo de distanciamento do mundo separando as esferas da poesia e da vida social, da experiência individual (que só conta como experiência poética) e da experiência coletiva. É nessa direção que o livro funciona como um dispositivo de controle da recepção, desligando da vida social a esfera da cultura, num esforço de preservação do caráter transcendente da poesia, produto literário puro, que exigiria um fechamento em si mesmo para sua fruição e entendimento. Não por acaso, quando comenta seu processo criativo Bandeira recorre ao modelo do poeta como veículo de uma voz maior que o percorre; são termos como "transe", "alumbramento", "estado de graça" os que emprega em sua psicologia da composição, condensada na ideia de "poeta quando Deus é servido". De todo modo, o êxito da operação de suspensão do mundo depende de um conhecimento seguro do quadro literário e social de que pretende distanciar-se, já que esse intento é em si uma modalidade precisa de interferência de quem pretende objetivar-se como o modernista da "arte pela arte", cuja relação vital com a poesia nunca é maculada pela intercorrência do fluxo do real, que pode servir de motivo, mas não a controla. Nesse sentido, o epíteto de "São João Batista do modernismo" cunhado por Mário de Andrade é manifestamente uma menção ao lugar do profeta portador primeiro da mensagem, mas traz sub-repticiamente a canonização no sentido religioso, aderindo ao processo de suspensão dos comprometimentos de Bandeira que o coloca no lugar ideal do santo que está antes — ou além — do tempo da vida. A humildade é também apanágio dos santos, e vimos como, no gesto de dizer-se incompatível com as altas paragens identificadas com a poesia participante, o poeta menor define-se também como o poeta do menor, demarcando assim as alturas que habita, mais compatíveis com a narrativa em que a literatura é o motor imóvel de todas as outras dimensões da existência, álibi perfeito para a conversão dos comprometimentos em faits divers, estatuto de que são revestidos episódios como as negociações editoriais, o trabalho de divulgação dos livros e a campanha para a eleição na Academia Brasileira de Letras, que assim transfigurados em algo fora da literatura podem figurar no livro. A própria decisão de publicar o *Itinerário de Pasárgada* segue a mesma lógica: já no início do relato o autor se diz arrependido de ter cedido aos apelos de Fernando Sabino, Paulo Mendes Campos e José Condé — o desprendimento é uma faceta da virtude partilhada por santos e escritores, e as hagiografias são tipicamente atravessadas pelo viés teleológico em que a via única do sentido da vida se manifesta em cada ação e acontecimento, fazendo dessa uma vida exemplar.

Comentando a poesia de Murilo Mendes em sua *Apresentação da poesia brasileira*, Bandeira o coloca entre "um dos quatro ou cinco bichos-da-seda de nossa poesia, isto é, os que tiram tudo de si mesmos",[48] seguindo a parábola criada por Santa Teresa de Ávila (sem incluir seu final, em que o inseto morre então exaurido pelo esforço de sua produção). Difícil não pensar o próprio autor do elogio entre os outros poucos poetas dessa espécie de demiurgos de si mesmos, já que a imagem se encaixa à perfeição naquela que o poeta logrou formar e a partir da qual posiciona a si e à sua poesia na literatura brasileira, como fator de proximidade e distância em relação aos outros ocupantes do establishment literário. Nessa mensuração, Bandeira dispõe em simetria o vértice retrospectivo da ligação com a tradição ancestral em que se reconhece e de que replica as crenças e valores literários, e o vértice prospectivo de sua atitude modelar de inventor que pode por vezes fustigar certas arestas desse passado, mas sempre para reconvertê-lo em poesia nova, pois acionando potenciais de expressão que,

---

48 Manuel Bandeira, *Apresentação da poesia brasileira*. São Paulo: Cosac Naify, 2009.

enquanto virtualidades, já estavam nele — é sempre o bicho--da-seda o autor do desentranhamento da poesia.

Em Bandeira, o trabalho com a memória — seja na delicada ourivesaria com que ele se entranha na estruturação do poema, seja na afirmação de sua unidade e permanência implicada na prosa autobiográfica — foi o que lhe permitiu fazer coincidir de modo estreito, inequívoco e sem arestas estratégia de autor e estratégia de escritura. Clarice Lispector desponta, nesse aspecto, como sua antípoda.

III

A esfinge

Arte não é pureza,
é purificação,
arte não é liberdade,
é libertação,
arte não é inocência,
é tornar-se inocente.

Clarice Lispector

I.
O enigma

Nas crônicas que escreveu para o *Jornal do Brasil*, entre 1967 e 1973, que adiante serão objeto de análise, em duas ocasiões Clarice Lispector faz menção a uma viagem que fizera ao Egito e comenta sua visita à Esfinge, a que se compara e sugere que seu leitor o faça também. Em 12 de junho de 1971, ela diz o seguinte ao comentar seu encontro com o monumento: "Vi a Esfinge. Não a decifrei. Mas ela também não me decifrou. Encaramo-nos de igual para igual. Ela me aceitou, eu a aceitei. Cada uma com o seu mistério".[1]

O tema é retomado em 1º de abril do ano seguinte:

> É preciso voltar a ver as pirâmides e a Esfinge. A Esfinge me intrigou: quero defrontá-la de novo, face a face, em jogo aberto e limpo. Vou ver quem devora quem. Talvez nada aconteça. Porque o ser humano é uma esfinge também e a Esfinge não sabe decifrá-lo. Nem decifrar a si mesma. No que nós nos decifrássemos, teríamos a chave da vida.[2]

Clarice sugere um jogo de deciframento que não pode ter vencedor porque seu prêmio é a "chave da vida", que dissolveria o próprio enigma; assim como, se o paralelo nao é abusivo, o que vai cifrado no texto literário também é visto por alguns

1 Clarice Lispector, *A descoberta do mundo*. Rio de Janeiro: Rocco, 1999, p. 352.
2 Ibid., pp. 408-9.

como um mistério a ser trabalhado pela interpretação. A primeira dessas duas citações é usada por Benjamin Moser no texto de abertura de sua biografia da autora, intitulado justamente "Introdução. A Esfinge", em que o autor remete à "aura de mistério", ao "ar indecifrável" de Clarice, para usar expressões dele, como aguilhão para sua narrativa. O livro de Moser foi sucesso editorial, e na edição de bolso da editora Cosac Naify a quarta capa traz excertos de comentários de especialistas que vale transcrever:

> Ainda que o mistério, o mito e o enigma sigam resistindo aos fatos, este livro [...] representa um marco indispensável para quem quiser chegar mais perto da vertiginosa essência de Clarice.
> (Yudith Rosenbaum)

> Uma das escritoras mais misteriosas do século XX é finalmente revelada em todas as suas cores vibrantes.
> (Orhan Pamuk)

> Moser construiu um relato quase completo da totalmente inefável Clarice Lispector.
> (*Clarín*)

> Trata-se de um rico material biográfico ainda mais enriquecido pela forma como Moser descostura as camadas da complicada vida de Clarice.
> (*The New York Times*)

Eis o retrato sob medida da escritora para despertar a curiosidade pelo livro: Clarice, o mistério, o mito, o enigma; a escritora mais misteriosa; a totalmente inefável; a de vida complicada. E, de fato, essa saturação de signos recorrentes (a que o título deste capítulo adere propositadamente), a que podemos acrescentar o que foi dito por muitos dos que conviveram com ela, não prescinde da colaboração de Clarice, como vimos em suas considerações sobre a Esfinge e no gosto que tinha pelo apelido inspirado na estátua, "A Esfinge do Rio de Janeiro". A imagem pública dela seguiria assim o caráter hermético de sua literatura; no entanto, essa identificação é seguidamente desautorizada pela própria autora, resultando numa ambiguidade na figura de escritora que decorre de variadas manifestações suas. Creio que o "enigma Clarice", que em boa medida só se sustenta por um efeito de atribuição, pode ser esclarecido — ou dissolvido, o que dá no mesmo — por uma análise que tome por objeto o sentido dessas manifestações de sinal duplo. Com esse intento, usarei mais diretamente como ferramenta analítica a diferenciação já mobilizada entre estratégias de escritura e estratégias de autor. E, a exemplo de Coelho e Bandeira, também aqui a própria apreensão do texto relaciona-se com a figura de autor que encontramos ou que construímos nele, e essa figura depende do modo como se entrelaçam essas estratégia de autoria e estratégia de escritura em cada escritor.[3]

Se é assim, teríamos em Clarice de um lado a construção de uma postura anti-intelectual, distanciada do mundo erudito da grande literatura e alinhada aos profanos como estratégia de autor, como veremos; e, de outro, como estratégia de escritura, a produção altamente experimental, inventiva e, portanto, eivada de um esoterismo que afasta os profanos a que a imagem pública urdida no primeiro termo da equação remeteria. Ou,

---

3 A noção de estratégia literária não deve ser entendida aqui em seu sentido calculista mais corriqueiro, como prefiguração racionalizada da ação, e sim como inclinação pré-reflexiva apreendida e internalizada como certa disposição da ação e do juízo a partir da experiência vivida no mundo social da literatura.

noutros termos, a "escritora difícil" é a mestra da linguagem desfamiliarizante celebrada pela crítica profissional, imagem e juízo crítico que se mantém sem grandes alterações até a publicação de *A paixão segundo G. H.*, tido como ponto culminante da carreira e considerado por ela própria seu melhor livro, ao passo que a "mulher comum", a simples "dona de casa" (para usar uma expressão assumida por ela) é aquela hábil na comunicação direta, simples, familiarmente cotidiana, numa contraposição que é explicitada por ela mesma. Em termos de produção, grosso modo, a primeira Clarice estaria nos textos especificamente literários, ao passo que a segunda se encontra, sobretudo, nas crônicas e nos demais escritos destinados a órgãos de imprensa, mas também em pronunciamentos públicos como conferências e entrevistas, no papel de entrevistada ou entrevistadora. É preciso então desenvolver os matizes da(s) figura(s) de autor estabelecida(s) por Clarice Lispector numa vertente de sua produção que acena para algo diferente da escritora-esfinge em termos de escritura; e, antes disso, retomar brevemente a caracterização desta última.

Na fortuna crítica de Clarice, a partir de sua estreia em 1943 com o romance *Perto do coração selvagem*, a obra foi interpretada, via de regra, nas chaves formalista, psicológica, filosófica (em particular na vertente metafísica ou na existencialista) e feminina, que a princípio seriam mais adequadas à temática "intimista", ao fluxo de consciência e à forma fragmentada ou ao menos não linear de sua linguagem, que já em sua primeira recepção é notada como o fator que a singularizava em relação a seus antecessores. Nas décadas seguintes, a consolidação de seu nome como de grande escritora beneficia-se do mesmo tom nas avaliações dos livros, que permanecem girando em torno da densidade psicológica atingida; do viés metalinguístico que, combinado com a descontinuidade narrativa, dariam acesso a camadas profundas da existência, resultando numa literatura que, nas interpretações mais formalistas, prescinde da referência ao mundo exterior para produzir sentido. Carlos Mendes de Sousa, autor da mais completa análise da obra clariciana, usa a expressão "desterritorialização" para designar um tipo de literatura que se perfaz preferencialmente dentro — da linguagem e da subjetividade, seus territórios imanentes. Tal viés crítico representa o reconhecimento de uma autorialidade experta no manejo literário da linguagem, tornada intransitiva e capaz de produzir estranhamento no leitor não iniciado. Ou seja, a Clarice romancista e contista, por sua linguagem altamente elaborada, remete a um leitor implícito capaz de seguir as instruções do texto (ou ao menos aceitar esse desafio), e que partilha assim dos valores literários do produtor e da crítica, aderindo, via de regra, à imagem idealizada do escritor como artífice de algo que escapa ao tempo e à história. Tal figuração de autor parece adequada a uma escritora tida como "difícil", que zelava pela aura de mistério construída em torno de si e de sua literatura, objeto de sua identificação projetiva com a figura da Esfinge e seu mito — mas que reagia contra as implicações de sua mitificação, aparente contradição que está no centro da solução do enigma — ou da exposição das razões de sua indissolubilidade, conforme Adorno.

Um bom modo de caracterizar mais precisamente o lugar de Clarice no mundo literário brasileiro imediatamente após sua morte em 1977 é acompanhar o balanço do período registrado em textos de Alfredo Bosi e Antonio Candido, lembrando antes que esse momento corresponde ao desenvolvimento de uma configuração do espaço literário que terá efeito estruturante na produção subsequente, incluindo de algum modo os autores que estreiam nos anos 1990, 2000 e 2010. Trata-se da clivagem que, do ponto de vista do estilo literário, opõe o romance intimista ao realismo cruel ou brutalista, para nomearmos os dois polos cujos representantes maiores em termos de consagração e rentabilidade social da obra são Clarice e Dalton Trevisan —, que, segundo o crítico Luís Augusto Fischer, teriam instituído um padrão de grandeza estética não mais alcançado no Brasil:

> Tomando por base a famosa antologia da *Granta*,[4] publicada há poucos anos, com o que se considerou os melhores escritores sub-40, não houve renovação significativa nesta geração, e valeria fazer um exame do que havia aparecido antes, nas antologias da Geração 90, do Nelson de Oliveira, as quais, relembradas de longe, igualmente não parecem ter trazido novidade forte ao gênero, considerada a vasta e profícua produção contística iniciada pelos dois noventões [Rubem Fonseca e Dalton Trevisan] mais Clarice Lispector.[5]

A seguirmos o crítico, as portas do cânone literário brasileiro teriam sido fechadas ainda sob regime militar, e não mais abertas desde então. De todo modo, possíveis controvérsias à parte, e pondo em suspenso o problema da relação entre os escritores e a política cultural do regime, incluindo aí a censura e a cobrança de engajamento que se torna critério mesmo de validade da obra aos olhos de setores da intelectualidade de esquerda, a classificação tem origem em dois dos mais consagrados críticos brasileiros, a quem recorro para precisar melhor seus contornos. Na coletânea de contos contemporâneos organizada por Alfredo Bosi em 1975[6] surge pela primeira vez, na apresentação, a expressão "realismo brutalista" como referência à produção de Rubem Fonseca, mas não aplicável a Dalton Trevisan, que

4 O autor refere-se à edição da revista literária *Granta* dedicada à nova geração de contistas brasileiros. 5 *Cândido*, Biblioteca Pública do Paraná. Disponível em: <candido.bpp.pr.gov.br>. 6 Alfredo Bosi, *O conto brasileiro contemporâneo*. São Paulo: Cultrix, 2015 [1975].

seria "brutal nas cenas de violência e degradação", e cujo estilo "vigiado até os sinais de pontuação"[7] escaparia ao designativo em sua acepção mais estrita. À parte essa diferença, ambos se encontram na primeira linha de força detectada, a *literatura-verdade*, que desponta nos anos 1960 como resposta "à tecnocracia, à cultura para massas, às guerras de napalm, às ditaduras feitas de cálculo e sangue".[8] Já Clarice Lispector é caracterizada por Bosi pelo propósito de trazer as coisas à consciência e esta a si mesma, procedimento que ele chama de *introspecção de segundo grau*, e que a põe na dianteira da segunda linha de força presente no campo, a ficção introspectiva apoiada na memória e na autoanálise. As duas correntes se complementariam do seguinte modo:

> O homem da cidade mecânica não se basta com a reportagem crua: precisa descer aos subterrâneos da fantasia onde, é verdade, pode reencontrar sob máscaras noturnas a perversão da vida diurna (há um underground feito de sadismo, terror e pornografia), mas onde poderá também sonhar com a utopia quente da volta à natureza, do jogo estético, da comunhão afetiva.[9]

Esse desenho não difere muito daquele feito por Antonio Candido em artigo de 1981.[10] Sublinhando a ideia de "liquidação do regionalismo" como horizonte da literatura pós-golpe de 1964, também ele indica que a saída se dá fundamentalmente pela reconfiguração da narrativa urbana, em que destaca Dalton Trevisan como "mestre do conto curto e cruel, criador de uma espécie de mitologia urbana de sua cidade de Curitiba",[11]

---

7 Ibid., p. 19.   8 Ibid., p. 24.   9 Ibid.   10 Antonio Candido, "Os brasileiros e a literatura latino-americana". *Novos Estudos Cebrap*, São Paulo, v. 1, n. 1, dez. 1981.   11 Ibid., pp. 62-3.

figura maior do "realismo feroz", sutil alternativa ao "realismo brutalista". Mas a diferença relevante em relação a Bosi está na variação do critério de classificação, do fundo para a forma, ao tratar de Clarice:

> Ela é provavelmente a origem das tendências desestruturantes, que dissolvem o enredo na descrição e praticam esta com o gosto pelos contornos fugidios. Decorre a perda de visão de conjunto pelo meticuloso acúmulo de pormenores. [...] Daí a produção de textos monótonos do tipo *"nouveau roman"*, de que Clarice foi talvez uma desconhecida precursora [...].[12]

A vinculação de Clarice à desconstrução da narrativa como tendência da vanguarda já fora notada por José Guilherme Merquior[13] ao escrever em 1963 a respeito de *A maçã no escuro*, romance de Clarice publicado em 1961, dois anos após sua volta em definitivo ao Brasil com o fim de seu casamento com o diplomata Maury Gurgel Valente, que ensejara seu périplo pela Europa e Estados Unidos como "mulher de diplomata", a partir de 1944. Registre-se que Merquior o faz em chave positiva, vendo na "morte do romance" a possibilidade de, tirando o foco dos fatos narrados, enriquecer a discussão de valores.

Os escritos de Bosi e Candido não comentam nenhum livro em particular, a visada abrange o conjunto da obra literária, incluindo a novela de 1977, *A hora da estrela*, último livro de Clarice, no caso de Candido. Diferente dessa leitura feita em bloco, Vilma Arêas propõe duas décadas depois uma separação entre os escritos de Clarice que permitirá à análise fazer uma transição mais matizada em direção aos textos não literários

---

12 Ibid., p. 65.   13 José Guilherme Merquior, *Crítica: 1964-1989*. Rio de Janeiro: Nova Fronteira, 1990.

de que vou tratar adiante. Levando em conta a situação de dificuldade material enfrentada por Clarice em fins dos anos 1960 e ao longo da próxima década, Arêas diferencia as obras do período da produção anterior usando categorias da própria escritora: antes produzindo "com as entranhas", Clarice agora o faz "com a ponta dos dedos". Referindo-se à recepção de *A via crucis do corpo*, de 1974, diz ela:

> Enquanto a Academia se calava e a crítica dos suplementos culturais revelava todo o seu horror diante do que chamou "lixo", me dei conta de que as palavras tão repetidas pela escritora — dividindo a própria obra entre a literatura "das entranhas", isto é, composta sem injunções e sujeita apenas à intermitência da inspiração, e a literatura derivada da "ponta dos dedos", isto é, submetida às imposições exteriores — de alguma forma foram aceitas por quem se debruçara sobre aquela surpreendente via crucis. [...] Com o passar do tempo, a diferença tornou-se lugar-comum. De maneira clara ou velada — às vezes era só um constrangimento —, a melhor crítica simplesmente omitia esse livro de Clarice, implicitamente aceitando a divisão, que correspondia a duas escalas de valor: as "entranhas" teriam iniciado em fim de 1943, com *Perto do coração selvagem*, e se prolongariam até 1964, com *A paixão segundo G. H.* e *A legião estrangeira*. Apesar de indecisões, algumas respeitáveis, a maioria dos leitores não tinha dúvidas sobre o nível de excelência dessa obra. No entanto, a partir de 1969, com *Uma aprendizagem ou o livro dos prazeres*, abalou-se essa certeza. A recepção do livro provocou hesitações, o mesmo acontecendo com *Água viva*, de 1973. Mas isso ainda não era grave, e havia muitas divergências. Foi *A via crucis do corpo*, de 1974, que dividiu radicalmente os campos. Creio mesmo que a unanimidade a respeito do

interesse despertado por *A hora da estrela*, três anos depois, deveu-se num primeiro momento a certo alívio: a escritora retornava ao bom caminho [...].[14]

Arêas coloca o problema com precisão em diversos níveis. De um lado, recupera a percepção de Clarice sobre o problema de sua própria autonomia como escritora, ligando-a de certo modo a uma concepção idealista da literatura, que estaria a salvo das "injunções externas", sem obedecer a nenhuma determinação ou condição de possibilidade a não ser o eflúvio próprio do gênio. De outro, acompanha a novidade da crítica fortemente negativa, no modo controlado ou virulento — ou, talvez, o que se revele aqui seja o padrão de variação e rigidez das categorias de percepção da crítica que deve se haver com sua decepção ante a imagem já consolidada da Esfinge. Acrescente-se a isso outras duas novidades dessa produção "com a ponta dos dedos". Em primeiro lugar, o nível inaudito de violência e crueldade no desenvolvimento dos temas, sobretudo em *A via crucis do corpo*, cuja rejeição está ligada mais explicitamente a questões morais, e retornará em outro registro em *A hora da estrela*, livro derradeiro que no fim das contas é entronizado entre as obras-primas, como redenção dos descaminhos; assim, na classificação proposta por Arêas teríamos cronologicamente uma fase que vai da estreia até o ponto culminante da obra, produzida "com as entranhas", e encerra-se com os contos de *A legião estrangeira*; uma segunda entre *Uma aprendizagem ou o livro dos prazeres* até *A via crucis do corpo*, escrita "com a ponta dos dedos", e a terceira composta exclusivamente por *A hora da estrela*, que do ponto de vista do rendimento literário inclui-se no primeiro grupo.

14 Vilma Arêas, *Clarice Lispector com a ponta dos dedos*. São Paulo: Companhia das Letras, 2005, pp. 13-4.

As crônicas de Clarice em sua coluna no *Jornal do Brasil*, que em geral não são propriamente literárias (ao menos no sentido da linguagem desfamiliarizante já comentado), realizam-se também "com a ponta dos dedos", deixando entrever uma outra Clarice diversa da escritora-esfinge, capaz de aderir ao uso pragmático da linguagem, dispondo-se assim a uma relação empática com o leitor comum, num pacto de leitura que rompe os limites da relação erudita entre o escritor e seu público mediada pela forma literária. Em outros tipos de comunicação entre a autora e seu leitor o mesmo distanciamento do lugar social do escritor é reforçado, como nas raras ocasiões em que Clarice é levada a um exercício de reflexividade por ver-se na posição de objeto: trata-se das conferências sobre literatura pronunciadas no exterior, em que desenha um jogo entre dentro e fora do mundo literário, com implicações sobre sua autorrepresentação como escritora, bem como nas interações cristalizadas em entrevistas ou ainda no paratexto literário, sob a forma de textos introdutórios aos romances e volumes de contos, que por vezes invadem a própria narrativa. É esse conjunto que servirá de material expressivo a ser trabalhado aqui, pois nele se dá a ver a persona, a figuração de escritora construída por Clarice a partir de sua volta ao Brasil, marco da segunda fase de sua produção, toda ela vindo à luz sob novas condições materiais e simbólicas de produção, bem como o manejo dessa figuração no interior do jogo literário. Tentarei mostrar como a necessidade de recolocar-se no mundo literário brasileiro preservando o mais possível sua condição de artista autônoma levou Clarice a combinar estratégia de escritura e estratégia de autor de modo inusitado, sendo o "mistério" e categorias afins a cristalização sintética desse jogo complexo, que tem efeitos também no desenvolvimento da linguagem literária e no modo como será lida.

2.
"Intelectual? Não."

A atuação de Clarice na imprensa teve início em 1940, como editora e repórter da Agência Nacional, órgão do governo federal no Rio de Janeiro. A partir de sua volta definitiva ao Brasil, já escritora reconhecida, seu estatuto muda de jornalista para colaboradora: na revista *Senhor*, ela passa a publicar alguns contos, a convite de seu editor, Paulo Francis; torna-se titular de colunas assinadas sob pseudônimo ou como "ghost-writer" nos jornais *Comício*, *Correio da Manhã* e *Diário da Noite*; colabora como entrevistadora nas revistas *Manchete* e *Fatos & Fotos*, além das crônicas no *Jornal do Brasil*. As colunas tratam de temas "femininos", conforme a classificação da época, em que a autora transmite dicas de comportamento para suas leitoras. Como não foram assinadas com seu nome, são menos importantes para o problema aqui colocado; ou seja, seguindo o propósito de recuperar sua estratégia de escritora, quero circunscrever esta seção à Clarice que surge da porção não literária dos escritos "com a ponta dos dedos", critério que leva de imediato às crônicas.

Clarice torna-se titular de uma coluna semanal no Caderno B do *Jornal do Brasil* em agosto de 1967, a convite de Alberto Dines, então seu editor-chefe, espaço que ocupará até dezembro de 1973. Se em seus textos literários a narrativa tênue importa menos que o impacto dos acontecimentos nos personagens, segundo ela própria, também nas crônicas os eventos, quando presentes, servem de pretexto para notações as mais diversas: retratos de personalidades, comentários sobre artistas (escritores, fotógrafos, artistas plásticos, dramaturgos etc.), entrevistas, contos ou trechos de contos reutilizados, digressões sobre passagens de sua vida; enfim, textos de temas e formatos heterogêneos em que sobressaem reflexões no domínio da ética (no sentido antigo de condução virtuosa da vida) e das artes. É frequente a presença de considerações sobre a literatura e a atividade literária, ora em crônicas expressamente destinadas a isso, ora de modo incidental ao tratar de outras questões. Vou me ater aos registros que tematizam ou circundam a literatura, recolhendo excertos em ordem preferencialmente cronológica, mas não de modo exaustivo: entre tudo que Clarice escreveu a respeito em sua coluna, trarei à tona a maior parte, suprimindo o que for redundante sem evitar certa saturação que corresponde à insistência da autora em reforçar os pontos mais heterodoxos de seu posicionamento.

A cronista estreia poucos anos após vir a público o conjunto de escritos que marcaram positivamente sua segunda recepção crítica, a partir da radicação definitiva no Rio de Janeiro em 1959: *Laços de família* (contos, 1960), *A maçã no escuro* (romance, 1961), *A paixão segundo G. H.* (romance, 1964) e *A legião estrangeira* (contos, 1964). Ou seja, é no auge do renome da escritora-esfinge que Clarice tem a oportunidade de tornar-se popular, conforme comenta na crônica de 9 de dezembro de 1967, a respeito de um convite recusado para uma festa:

> Não fui à festa: disseram que eu não conhecia ninguém, mas que todos queriam me conhecer. Pior para mim. Não sou domínio público. E não quero ser olhada. Eu ia ficar calada. Maria Betânia [sic] me telefonou, querendo me conhecer. Conheço ou não? Dizem que é delicada. Vou resolver. Dizem que fala muito de como é. Estou fazendo isso? Não quero.

Quero ser anônima e íntima. Quero falar sem falar, se é possível. Maria Betânia [sic] me conhece dos livros. O *Jornal do Brasil* está me tornando popular. Ganho rosas. Um dia paro. Para me tornar tornada. Por que escrevo assim? Mas não sou perigosa. E tenho amigos e amigas. Sem falar de minhas irmãs, das quais me aproximo cada vez mais. Estou muito próxima, de um modo geral. É bom e não é bom. É que sinto falta de um silêncio. Eu era silenciosa. E agora me comunico, mesmo sem falar. Mas falta uma coisa. Eu vou tê-la. É uma espécie de liberdade, sem pedir licença a ninguém.[15]

O texto é um bom cartão de visita das dúvidas e ambiguidades da escritora recém-introduzida nos meios de comunicação de massa no papel de quem escreve livremente e em nome próprio, mas não quer ser "domínio público" nem objeto da curiosidade alheia — ao mesmo tempo que admite a ameaça à fortaleza da esfera "anônima e íntima" com o temor e o desejo que isso suscita, além do receio de já ter cedido à tentação: "Estou fazendo isso? Não quero". É importante notar que essa interrogação remete também à linguagem empregada na crônica, eivada de cortes e elipses pouco afeitas à fala cotidiana, o que a leva a acalmar o leitor que a tenha achado "perigosa", mostrando-se como alguém próxima e disposta a se comunicar, mesmo lamentando a perda do silêncio.

Esse tópico é retomado no texto de 10 de fevereiro de 1968, intitulado "Anonimato", agora em tom de desabafo e muitas notas acima:

Tantos querem a projeção. Sem saber como esta limita a vida. Minha pequena projeção fere o meu pudor. Inclusive o que eu queria dizer já não posso mais. O anonimato é suave como um

---

15 Clarice Lispector, *A descoberta do mundo*. Rio de Janeiro: Rocco, 1999, pp. 53.

sonho. Eu estou precisando desse sonho. Aliás eu não queria mais escrever. Escrevo agora porque estou precisando de dinheiro. Eu queria ficar calada. Há coisas que nunca escrevi, e morrerei sem tê-las escrito. Essas por dinheiro nenhum. Há um grande silêncio dentro de mim. E esse silêncio tem sido a fonte de minhas palavras. E do silêncio tem vindo o que é mais precioso que tudo: o próprio silêncio.[16]

Aqui, num tom bem mais coloquial, o incômodo de escrever por dinheiro, contrariando a lei do interesse pelo desinteresse (marca dos campos de produção artística, segundo Bourdieu), fica explícito, contraposto ao silêncio, que é fonte e objeto de investimento da criação literária, daquilo que nenhum dinheiro a fará escrever porque remete a um mundo em que é outra a moeda em circulação. Não obstante, também a moeda do *mana* literário pode ter seu valor questionado, conforme a crônica de 24 de fevereiro, em que responde a uma leitora que louva a "beleza das contribuições literárias" de Clarice, que teriam fortalecido nela a capacidade de amar:

> Não fiquei contente por você, H. M., falar na beleza de minhas contribuições literárias. Primeiro porque a palavra *beleza* soa como enfeite, e nunca me senti tão despojada da palavra beleza. A expressão "contribuições literárias" também não adorei, porque exatamente ando numa fase em que a palavra *literatura* me eriça o pelo como o de um gato. Mas, H. M., como você me fez sentir útil ao dizer-me que sua capacidade intensa de amar ainda se fortaleceu mais. Então eu dei isso a você? Muito obrigada. Obrigada também pela adolescente que já fui e que desejava ser útil às

16 Ibid., pp. 76.

pessoas, ao Brasil, à humanidade, e nem se encabulava de usar para si mesma palavras tão imponentes.[17]

Nem dinheiro, nem destreza literária: o valor reconhecido por Clarice, a contrapelo dos critérios mais firmemente estabelecidos no mundo literário, é puramente pragmático; e o gesto ostensivo de mostrar conhecimento desses critérios, ao condenar a beleza usada como enfeite (noutra crônica, Clarice dirá que "a linha divisória é quase invisível entre o mau gosto e a verdade. E [...] pior que o mau gosto em matéria de escrever, é um certo tipo horrível de *bom gosto*"),[18] reforça sua posição: a literatura, definida a partir dos critérios doutos que incluem e consagram seus livros, eriça-lhe o pelo porque é desprovida de utilidade. Nesse sentido, pode-se especular que a imputação infamante de "autoajuda" talvez lhe provocasse algo entre a indiferença e o agrado. Na crônica de 15 de junho do mesmo ano, é o sentimento de ser acolhida que é mobilizado como base da alegria expressa de pertencer à literatura brasileira:

> E eu que, muito sinceramente, jamais desejei ou desejaria a popularidade [...], eu, que não quero a popularidade, sinto-me no entanto feliz de pertencer à literatura brasileira. Não, não é por orgulho, nem por ambição. Sou feliz de pertencer à literatura brasileira por motivos que nada têm a ver com literatura, pois nem ao menos sou uma literata ou uma intelectual. Feliz apenas por "fazer parte".[19]

Nessa altura, podemos já sublinhar alguns pontos que serão recorrentes no posicionamento de Clarice a respeito da literatura: a recusa do renome, o desdém pelos critérios de excelência da escritura, a valorização da proximidade com o leitor (medida

17 Ibid., p. 78.   18 Ibid., p. 188.   19 Ibid., p. iii.

na efetividade do que ele lê em sua vida concreta), e, estreando nesse fragmento, a recusa da qualificação de intelectual ou de literata. O relato de uma conversa entre ela, Guimarães Rosa e o cirurgião plástico Ivo Pitanguy numa festa da elite carioca, no texto de 14 de setembro, expressa bem os dois últimos itens:

> Guimarães Rosa disse que, quando não estava se sentindo bem em matéria de depressão, relia trechos do que já havia escrito. Espantaram-se quando eu disse que detesto reler minhas coisas. Ivo observou que o engraçado é que parece que eu não quero ser escritora. De algum modo é verdade, e não sei explicar por quê. Mas até ser chamada de escritora me encabula. Nessa mesma festa Sérgio Bernardes disse que há anos tinha uma conversa para ter comigo. Mas não tivemos. Pedi uma coca-cola, em vez. Ele estava falando com o nosso grupo coisas que eu não entendia e não sei repetir. Então eu disse: adoro ouvir coisas que dão a medida de minha ignorância. E tomei mais um gole de coca-cola. [...] Guimarães Rosa então me disse uma coisa que jamais esquecerei, tão feliz me senti na hora: disse que me lia, "não para a literatura, mas para a vida".[20]

A cena, tal como a transcreve, é ainda mais reveladora por deixar entrever a dinâmica da interação e o deslocamento de Clarice em relação a ela. Entre pares, esquiva-se de todos os marcadores que possam identificá-la com seus convivas, mas não sem insinuar a superioridade irônica de sua ignorância, expressa no recuo para o prosaico representado pela coca-cola que bebia. No entanto, em 2 de novembro, Clarice parece sentir a necessidade de um discurso mais ostensivo para o esclarecimento de sua posição, que afaste ambiguidades, deixando tudo às claras:

20 Ibid., p. 136.

INTELECTUAL? NÃO.

Outra coisa que não parece ser entendida pelos outros é quando me chamam de intelectual e eu digo que não sou. De novo, não se trata de modéstia e sim de uma realidade que nem de longe me fere. Ser intelectual é usar sobretudo a inteligência, o que eu não faço: uso é a intuição, o instinto. Ser intelectual é também ter cultura, e eu sou tão má leitora que, agora já sem pudor, digo que não tenho mesmo cultura. Nem sequer li as obras importantes da humanidade. Além do que leio pouco: só li muito, e lia avidamente o que me caísse nas mãos, entre os treze e quinze anos de idade. Depois passei a ler esporadicamente, sem ter a orientação de ninguém. Isso sem confessar que — dessa vez digo-o com alguma vergonha — durante anos eu só lia romance policial. Hoje em dia, apesar de ter muitas vezes preguiça de escrever, chego de vez em quando a ter mais preguiça de ler do que de escrever.

Literata também não sou porque não tornei o fato de escrever livros "uma profissão", nem "uma carreira". Escrevi-os só quando espontaneamente me vieram, e só quando eu realmente quis. Sou uma amadora?

O que sou então? Sou uma pessoa que tem um coração que por vezes percebe, sou uma pessoa que pretendeu pôr em palavras um mundo ininteligível e um mundo impalpável. Sobretudo uma pessoa cujo coração bate de alegria levíssima quando consegue em uma frase dizer alguma coisa sobre a vida humana ou animal.[21]

A tomada de distância do mundo das letras galga aqui outro patamar, ao adicionar à figura de escritora que se vem esboçando a recusa mesmo do éthos de leitora erudita, e até o de

21 Ibid., p. 149.

pessoa letrada, ao sublinhar que lê pouco, desconhece as obras mais canônicas e admite o gosto profano pela literatura de entretenimento; tudo somado, temos o perfil de um tipo de leitor muito distante do leitor implícito nas obras de Clarice Lispector... Quanto à Clarice escritora, ganha destaque a preferência pela intuição, pelo instinto à inteligência (o oposto do que caracterizaria um intelectual), bem como a hesitação entre o caráter amador ou profissional da atividade de escrever, que ela retoma em 30 de novembro, no modo de uma espécie de "psicologia da composição":

COMO É QUE SE ESCREVE?
Quando não estou escrevendo, eu simplesmente não sei como se escreve. E se não soasse infantil e falsa a pergunta das mais sinceras, eu escolheria um amigo escritor e lhe perguntaria: como é que se escreve?

Por que, realmente, como é que se escreve? que é que se diz? e como dizer? e como é que se começa? e que é que se faz com o papel em branco nos defrontando tranquilo?

Sei que a resposta, por mais que intrigue, é a única: escrevendo. Sou a pessoa que mais se surpreende de escrever. E ainda não me habituei a que me chamem de escritora. Porque, fora das horas em que escrevo, não sei absolutamente escrever. Será que escrever não é um ofício? Não há aprendizagem, então? O que é? Só me considerarei escritora no dia em que eu disser: sei como se escreve.[22]

Clarice separa diferentes instâncias da prática da escrita e de sua intelecção: escrever, saber escrever, saber que se sabe escrever, deixando o título de escritor para os que estão nos dois últimos níveis, para então reservar-se o nível primeiro e/ou primário:

---

22 Ibid., pp. 156-7.

entre escrever e saber *que* e *como* se escreve, prefere escrever. O anti-intelectualismo migrou do plano ético para o estético, mas é a mistura sutil entre eles que lhe permite contemplar a oposição profissional versus amador como quem está fora dela porque a resolve na prática sempre que escreve — e apenas então. E, como correlato, a leitora Clarice prefere sentir a entender, como revela em crônica de 17 de maio: "Fui ver um filme, não entendi nada, mas senti tudo. Vou vê-lo de novo? Não sei, posso dessa vez não estar em bem-estar, não quero arriscar, posso de repente entender e não sentir".[23]

Ou, ainda, prefere saber ignorando:

O que eu já aprendi com os choferes de táxi daria para um livro. Eles sabem muita coisa: literalmente circulam. Quanto a Antonioni eu sei, e eles não sabem. Se bem que talvez, mesmo ignorando-o. Há vários modos de saber, ignorando. Conheço isso: acontece comigo também.[24]

Há muitas manifestações de Clarice na mesma direção, qual seja, a de separar intelecção e afecção sensível, reservando a escrita e a leitura literária para o último campo. Assim, suas explicações para o que escreve no fundo nada explicam, conforme a crônica de 11 de outubro:

Não é fácil lembrar-me de como e por que escrevi um conto ou um romance. Depois que se despegam de mim, também eu os estranho. Não se trata de *transe*, mas a concentração no escrever parece tirar a consciência do que não tenha sido o escrever propriamente dito. Alguma coisa, porém, posso

23 Ibid., p. 195.   24 Ibid., p. 252.

tentar reconstituir, se é que importa, e se responde ao que me foi perguntado.[25]

Na sequência desse texto, recupera o momento da concepção de alguns contos, sempre insistindo no registro sensível que esteve na origem de cada um e no processo particular de desapego que se lhe derivou. Assim, diz ela sobre o conto "Feliz aniversário":[26]

O que me lembro [...] é da impressão de uma festa que não foi diferente de outras diferentes de aniversário; mas aquele era um dia pesado de verão, e acho até que nem pus a ideia de verão no conto. Tive uma *impressão*, de onde resultaram algumas linhas vagas, anotadas apenas pelo gosto e necessidade de aprofundar o que se sente. Anos depois, ao deparar com essas linhas, a história inteira nasceu, com uma rapidez de quem estivesse transcrevendo cena já vista — e no entanto nada do que escrevi aconteceu naquela ou em outra festa.[27]

Mas esse modo de fazer nada tem de fácil; e quem escreve não é apenas canal passivo da transcrição imediata da intuição, conforme fica explícito em crônica de 2 de maio de 1970, sobre a feitura de um romance (que não é identificado):

Escrevi procurando com muita atenção o que se estava organizando em mim, e que só depois da quinta paciente cópia é que passei a perceber. Passei a entender melhor a coisa que queria ser dita

---

25 Ibid., p. 238. **26** O conto é parte do livro *Laços de família*. **27** Clarice Lispector, *A descoberta do mundo*, op. cit., p. 238.

Meu receio era de que, por impaciência com a lentidão que tenho em me compreender, eu estivesse apressando antes da hora um sentido. Tinha a impressão, ou melhor, certeza de que, mais tempo eu me desse, e a história diria sem convulsão o que ela queria dizer.[28]

Nesse sentido, a produção do texto é comparável a um tipo de gestação (tema caro a Clarice em diversos de seus escritos) em que algo se prepara por si mesmo, mas só vem à tona pelo trabalho coordenado da percepção de quem o contém.

No mesmo dia, outro texto complementa a questão da dificuldade em escrever, dessa vez distinguindo a produção em jornal da dos livros:

ESCREVER

Escrever para jornal não é tão impossível: é leve, tem que ser leve, e até mesmo superficial: o leitor, em relação a jornal, não tem nem vontade nem tempo de se aprofundar.

Mas escrever o que se tornará depois um livro exige às vezes mais força do que aparentemente se tem.

Sobretudo quando se teve que inventar o próprio método de trabalho, como eu e muitos outros. Quando conscientemente, aos treze anos de idade, tomei posse da vontade de escrever — eu escrevia quando era criança, mas não tomara posse de um destino — quando tomei posse da vontade de escrever, vi-me de repente num vácuo. E nesse vácuo não havia quem pudesse me ajudar.

Eu tinha que eu mesma me erguer de um nada, tinha eu mesma que me entender, eu mesma inventar por assim dizer a minha verdade. Comecei, e nem sequer era pelo começo. Os papéis se juntavam um ao outro — o sentido se

---

28 Clarice Lispector, *A descoberta do mundo*, op. cit., p. 285.

contradizia, o desespero de não poder era um obstáculo a mais para realmente não poder. A história interminável que então comecei a escrever (com muita influência de *O lobo da estepe*, Hermann Hesse), que pena eu não a ter conservado: rasguei, desprezando todo um esforço quase sobre--humano de aprendizagem, de autoconhecimento. E tudo era feito em tal segredo. Eu não contava a ninguém, vivia aquela dor sozinha. Uma coisa eu já adivinhava: era preciso tentar escrever sempre, não esperar por um momento melhor porque este simplesmente não vinha. Escrever sempre me foi difícil, embora tivesse partido do que se chama vocação. Vocação é diferente de talento. Pode-se ter vocação e não ter talento, isto é, pode-se ser chamado e não saber como ir.[29]

Quase três anos após sua estreia como cronista, Clarice mostra--se mais à vontade com o métier, e pode distingui-lo claramente, do ponto de vista do custo intelectual e emocional de quem escreve, do de escritora de livros de literatura, que admite ser sua vocação. Além disso, reconhece também a diferenciação entre os públicos que não necessariamente se sobrepõem, de modo que o depoimento sobre as dificuldades da escrita literária arrisca-se a entrar em tensão com o caráter não intelectual, quase amador, da atividade que se vinha desenhando. Essa tensão se resolve — ou ao menos é suavizada — pela disjunção entre vocação e talento: a vocação é o chamamento que indica o destino, mas este depende do talento como meio para ser alcançado; e, embora não o afirme peremptoriamente, Clarice sugere o desprovimento desses meios, do acesso aos caminhos que abundariam entre os intelectuais *da* e *na* literatura, preservando assim sua singularidade.

29 Ibid., p. 286.

No ano seguinte, a separação entre os modos de escrita será posta em questão na crônica de 29 de maio:

Vamos falar a verdade: isto aqui não é crônica coisa nenhuma. Isto é apenas. Não entra em gêneros. Gêneros não me interessam mais. Interessa-me o mistério. Preciso ter um ritual para o mistério? Acho que sim. Para me prender à matemática das coisas. No entanto, já estou de algum modo presa à terra: sou uma filha da natureza: quero pegar, sentir, tocar, ser. E tudo isso já faz parte de um todo, de um mistério. Sou uma só. Antes havia uma diferença entre escrever e eu (ou não havia? Não sei). Agora mais não. Sou um ser. E deixo que você seja. Isso lhe assusta? Creio que sim. Mas vale a pena. Mesmo que doa. Dói só no começo.[30]

Clarice retoma o tema do mistério, evocando o que chamei de escritora-esfinge (não por acaso, o relato citado na abertura do capítulo está na crônica publicada duas semanas depois desta); e sua abolição derrisória dos gêneros faz par com a unidade encontrada entre aquela que escreve e aquela que é. No entanto, esse ser recém-descoberto parece aceitar o mistério não como enigma a desvendar, mas como a circunstância de quem aceita participar da ordem das coisas e de seu enraizamento na terra. Nesse sentido, o texto está em consonância com a crônica de 6 de novembro, que propõe o uso do intelecto como instrumento de silenciamento da inteligência:

Talvez esse tenha sido o meu maior esforço na vida: para compreender a minha não inteligência, fui obrigada a me tornar inteligente. (Usa-se a inteligência para entender a não inteligência. Só que depois o instrumento — o intelecto — por

30 Ibid., p. 347.

vício de jogo continua a ser usado — e não podemos colher as coisas de mãos limpas, diretamente na fonte).[31]

No ano de 1972, Clarice volta a comentar a diferença entre escrever crônicas e escrever livros e entre seus respectivos leitores:

Hemingway e Camus foram bons jornalistas, sem prejuízo de sua literatura. Guardadíssimas as devidas e significativas proporções, era isso o que eu ambicionaria para mim também, se tivesse fôlego.

Mas tenho medo: escrever muito e sempre pode corromper a palavra. Seria para ela mais protetor vender ou fabricar sapatos: a palavra ficaria intata. Pena que não sei fazer sapatos.

Outro problema: num jornal nunca se pode esquecer o leitor, ao passo que no livro fala-se com maior liberdade, sem compromisso imediato com ninguém. Ou mesmo sem compromisso nenhum.

Um jornalista de Belo Horizonte disse-me que fizera uma constatação curiosa: certas pessoas achavam meus livros difíceis e no entanto achavam perfeitamente fácil entender-me no jornal, mesmo quando publico textos mais complicados [...].

Respondi ao jornalista que a compreensão do leitor depende muito de sua atitude na abordagem do texto, de sua predisposição, de sua isenção de ideias preconcebidas. E o leitor de jornal, habituado a ler sem dificuldade o jornal, está predisposto a entender tudo. E isto simplesmente porque "jornal é para ser entendido". Não há dúvida, porém, de que eu valorizo muito mais o que escrevo em livros do que o que escrevo para jornais — isso sem, no en tanto, deixar de escrever com gosto para o leitor de jornal e sem deixar de amá-lo.[32]

31 Ibid., p. 385.   **32** Ibid, p. 421.

Sobressai aqui uma tipologia que não reifica o leitor, em que o fator determinante é a atitude diante do texto — e, a partir dessa tipologia, fica sugerido que a dificuldade da literatura clariciana está mais na decisão insciente tomada pelo leitor que a transforma em algo difícil: isso em boa medida porque este, não afeito ao jogo entre inteligência e não inteligência, vê o livro de antemão como enigma e nesse ato mesmo torna-se incapaz do modo de fruição preconizado por sua autora, de "colher as coisas de mãos limpas". Já do ponto de vista de quem escreve, a diferença está no imperativo de a cronista levar em conta esse possível déficit do leitor, de que a escritora está desobrigada — regra cuja enunciação funciona inclusive como álibi para sua frequente ruptura nos escritos para jornal e, em sentido contrário, nos livros, meio para uma possível ligação empática com o leitor que é igualmente valorizada, como já vimos. Difícil não ver uma projeção de si no que diz Clarice sobre seu amigo Erico Verissimo:

> Mas a ideia de ser querido, digamos amado, agrada-lhe mais do que a ideia de ser admirado. Não trocaria seu público que o adora por uma crítica que lhe fosse mais favorável. [...] Quanto à ausência de profundidade de que alguns críticos o acusam, responde como um escritor francês que *"un pot de chambre est aussi profond"* ["um penico também é profundo"]. Mas concorda com os críticos: "Não sou profundo. Espero que me desculpem".[33]

Nos poucos momentos em que comenta a obra de seus pares, Clarice mantém o mesmo tom de relativo distanciamento do texto, evitando formar juízos de valor, e, assim, afastando-se da posição de crítica literária, que recusa expressamente, por exemplo, no texto em que comenta um livro recebido de um

---

33 Ibid., p. 441.

leitor: "Tivesse eu a capacidade de fazer crítica, entraria provavelmente em detalhes. Mas não sou crítica. Só posso dizer que *Jornada em círculos* é bom e que gostei de lê-lo".[34]

De par com a crítica "impressionista" que se permite, Clarice relata em tom de aquiescência a opinião de Dinah Silveira de Queiroz sobre os escritores fracassados:

Mas Dinah é benevolente com os escritores fracassados:
— Todo escritor é um ser que procura lançar sua mensagem como a clássica do náufrago que encerra o bilhete na garrafa e o atira às ondas. Muita vez essa mensagem se perde. Mas acho que deve haver pelo menos sempre respeito por esse ato de comunicação à distância. Nunca ri nem cacei de nenhum escritor malogrado. Nós temos sorte? Será a mão de Deus Pai, será a humildade de fazer e refazer? A verdade é que se a mensagem chega nós estamos salvos, somos escritores.[35]

Na definição proposta por Dinah, bem mais ampla do que aquelas urdidas nas instâncias mais altas do mundo literário, escritor é todo aquele cuja mensagem é recebida, e esse rebaixamento das exigências obedece a critérios de acolhimento não apenas estéticos, garantindo assim a aquiescência da autora da crônica.

Além das crônicas no *Jornal do Brasil*, Clarice assume uma coluna no jornal *Última Hora* em 1977, ano de sua morte. O texto de 23 de outubro é, portanto, o seu último, e chama a atenção a retomada do problema da erudição cultural em termos muito próximos dos que já acompanhamos. Como novidade, o desprezo material pelo objeto livro, em contraste com a bibliofilia como marcador de distinção, por vezes no

---

34 Id., *Todas as crônicas*. Rio de Janeiro: Rocco, 2018, p. 33-4. **35** Ibid., p. 350.

limite do fetiche; e como destaque maior a ideia da incultura como legado. Dito isso, transcrevo a nota na íntegra:

CULTURA

Uma amiga erudita, mas que não foi afetada pela erudição, me conta um boato, em leve censura por eu não corresponder ao boato que deveria ser mais certo que a realidade: muitos pensam que eu sou altamente intelectualizada e que tenho grande cultura. "Mas você", diz ela com carinho, "devia pelo menos, só para não se envergonhar diante dos outros, dar um jeito melhor na sua estante, é uma biblioteca muito desfalcada demais." Conto-lhe então que um homem de letras me disse: "Gostaria de ver sua biblioteca para entender finalmente onde você se inspira para as suas coisas". Diz minha amiga: "Você vê que tenho razão?".

Mas realmente *je m'en fiche* [não me importo]. Brinco toda secreta de deixar que pensem o que quiserem. Como não tenho remorsos de ser realmente uma "desfalcada" — em outras coisas me dói — estou pura para sentir o gosto do logro. É que também é muito bom enganar, conquanto que a pessoa não engane a si mesma. Só a poucos conto a verdade. No começo tentei dizer a verdade: mas tomavam como modéstia, mentira ou "esquisitice". E desse tipo de contar a verdade não gostei. De modo que passei a me calar. Só a poucos digo a verdade. Essa minha amiga já me diz hoje tranquila: "O escritor tal, no seu livro...", interrompe-se e sem escândalo me pergunta: "Você já ouviu falar dele?".

Mas bem queria deixar um testamentozinho exatamente para as pessoas involuntariamente logradas por mim: Deixo-lhe minha incultividade que em si não me deu nenhum gosto e até muita falta me fez, mas deixo-a [para o senhor], pois foi tão bom que o senhor não a supusesse: deixo-a intacta, pronta para ser transmitida. A cultura não se lega porque a pessoa mesma tem que trabalhá-la, mas a vantagem de uma relativa incultura é que se pode entregá-la toda a outra pessoa... eu bem sei que triste legado.[36]

No período em que manteve a coluna no *Jornal do Brasil*, Clarice assumiu também um espaço na revista *Manchete*, "Diálogos possíveis com Clarice Lispector", entre maio de 1968 e outubro de 1969. No formato de entrevista, os textos eram transcrições de conversas entre Clarice e artistas, ou mais raramente personalidades de outros setores que, em geral, eram amigos ou conhecidos seus. Nesses encontros, quase sempre em sua casa ou na do entrevistado, Clarice procurava estabelecer uma aproximação empática que fizesse o interlocutor frear as censuras ao tratar dos temas propostos pela entrevistadora, que em troca se permitia também secundar o que fora dito com sua própria inquietação ou perplexidade. No preâmbulo da entrevista com o ator Jardel Filho, ela explicita sua estratégia:

Tive vontade, com Jardel Filho, de fazer um diálogo do gênero ginasial — vocês sabem, aqueles cadernos grossos com perguntas sobre o que acha do amor, qual é o ideal de sua vida, qual é o seu tipo preferido. Eu mesma nunca fiz desses cadernos mas sempre respondia sucintamente nos cadernos floridos dos colegas. Quem sabe Jardel Filho se espalharia mais do que eu? Era tentar. Fiquei previamente com pena de lhe fazer perguntas que eu mesma não saberia responder.[37]

A estrutura do "gênero ginasial" prevalece no conjunto das entrevistas, mantendo inclusive algumas das perguntas citadas: ao lado de "O que é o amor?" aparece sempre "Qual é a coisa

36 Ibid., p. 647.   **37** Id., *Entrevistas*. Rio de Janeiro: Rocco, 2007, p. 152.

mais importante do mundo?" e "Qual é a coisa mais importante para uma pessoa como indivíduo?"; mas, em geral, isso vem depois do tema da inspiração, do processo de criação e da realização pessoal que direciona a palavra de cada um — e a dela mesma. Essa fórmula torna a interação algo lúdica, facilitando a suspensão dos freios que já mencionei, e a consequente exposição mais aberta dos circunstantes. Assim, a encenação (no sentido de Goffman) que precedeu o texto publicado é em si significativa para a análise; e, se não é o caso de trabalhar o conjunto das entrevistas, vou fixar-me em alguns exemplos, que creio suficientes para ajudar a consolidar o retrato que vem sendo traçado. A que segue é com o escritor e jornalista José Carlos Oliveira, especialmente interessante por conter um dissenso sobre literatura em sua dimensão existencial:

> Sou amiga de Carlinhos, ou melhor, de José Carlos Oliveira, há muitos anos. Já vimos muito jogo de futebol na nossa televisão, quando meus filhos eram pequenos. Vou reproduzir uma das muitas conversas nossas.
>
> Quando marquei entrevista com Carlinhos Oliveira, jamais pensei que ela se tornaria como que um desafio de viola, o que nos divertiu e nos aguçou: tudo era tão rápido. Esta entrevista está "eivada" (jamais pensei que um dia usaria esta palavra), está eivada de várias palavras oficialmente impublicáveis. No entanto os leitores podem suprir as lacunas com os palavrões que acharem mais convenientes.
>
> — José Carlos Oliveira, vamos fazer uma entrevista ótima no sentido de sincera? Hoje não é o meu melhor dia porque estou muito gripada e triste. Mas mesmo assim, [...] vamos fazer o possível. Quem é você, Carlinhos? (E, por Deus, quem sou eu?) Fora de brincadeira, o mundo está se acabando e nós não estamos fazendo nada e eu estou gripadíssima e de mãos sem força para ajudar os que imploram. Fale, Carlinhos. Fale.

— Eu acho que você é Clarice Lispector. Mas não sei quem eu sou. E o mundo está completamente ****** e sem saída. Mas nem você nem eu temos nada com isso.

[...]

— Carlinhos, nós dois escrevemos e não escolhemos propriamente essa função. Mas já que ela nos caiu nos braços, cada palavra nossa devia ser pão de se comer.

— Isso é absurdo. Por exemplo eu digo ******* e ninguém publica. E então estamos condenados a guardar uma língua que é apenas uma coleção de palavras. Nós somos uns idiotas — você e eu. O resto é literatura. E eu agora pergunto: 1) Clarice, por que é que você escreve? 2) Clarice, por que você não escreve?

— Respondo às suas duas perguntas: é tarde demais para mim — escrevo porque não posso ficar muda, não escrevo porque sou profundamente muda e perplexa.

— Ora, deixe de frescura!

— Estou falando tão a sério que você não está suportando e sai pelos lados, não me enfrenta.

— Se você está falando muito a sério, Clarice, é que você pensa que falar a sério tem algum valor. Pois bem, eu não acho.

[...]

— Nós não nos entendemos. Fazer romance não é sucesso, você até parece com aquele que dizia que a literatura era o sorriso da sociedade. Fazer sucesso é chegar ao mais baixo do fracasso, é sem querer cortar a vida em dois e ver o sangue correr. Nós dois, Carlinhos, nos gostamos um do outro, mas falamos palavras diversas

— Falamos linguagem diversa, é verdade. Eu prefiro ser feliz na rua a "cortar a vida em dois".

— E eu prefiro tudo; entendeu? Não quero perder nada, não quero sequer a escolha. [...]

— Você prefere inclusive ser uma grande escritora. Mas eu renunciei há muito tempo a essa vaidade. Quero comer, beber, fazer amor e morrer. Não me considero responsável pela literatura.

— Nem eu, meu caro. [...] Também posso lhe dizer que se viver é beber no Antonio's, isso é pouco para mim. Quero mais porque minha sede é maior que a sua.

— Evidentemente.

— Eu gosto muito de você, Carlinhos.

— Mas aqui não estávamos falando de amizade, e sim mostrando que uma escritora como Clarice Lispector, em vez de comer e beber comigo, tem que pensar em entrevistas para poder sobreviver. É por isso que eu digo: devemos jogar uma bomba atômica na Academia Brasileira de Letras.

— Carlinhos, vamos terminar esta minha tentativa de sobrevivência financeira com alguma coisa que não nos humilhe? Faça uma chave de ouro.

— Tudo nos humilha. Ninguém acredita em nós. Tudo está certo para eles, mas não nos pedem senão idiotices. Esta é uma chave de ouro. O resto é literatura.

No dia seguinte Carlinhos quis dar outro tipo de entrevista, mas não pude aceitar porque se eu fizer duas entrevistas com cada entrevistado o tempo não rende. Além do mais acho que uma quase briga entre dois amigos não é de se temer. E na amargura de Carlinhos vejo mesmo é a sua bondade profunda e sua revolta de homem de vanguarda.[38]

Em contraste com a postura provocativa de José Carlos Oliveira, sua "revolta de homem de vanguarda", evidencia-se a implicação radical de Clarice com seu ofício, que obriga cada palavra dita a ser "pão de se comer": ao responder que, sendo

---

38 Ibid., pp. 80-3.

muda, escreve porque não pode ficar muda; ao valorizar o fracasso e suas consequências, ela sustenta a integridade de sua vida assentada na literatura, de modo que a literatura não pode figurar como termo de uma escolha. A rebeldia de Oliveira, identificada ironicamente com a vanguarda, remete à condição do recém-chegado ao mundo da literatura, ou pouco dotado dos trunfos essenciais para assumir as posições mais altas, e assim ainda não plenamente integrado; a posição de Clarice, ao contrário, não é mais a de postulante e sim a de quem já se integrou — a ponto de prescindir de fazer da ostentação mesma dessa integração um novo trunfo — e está segura de seus predicados, de modo que pode prescindir do recurso ao estilo de vida boêmio bem como da literatura vivida como maldição. A provocação de Oliveira, que diz renunciar à escolha de ser "grande escritor", é por isso bem assimilada por Clarice, que reconhece uma ambição maior que nada mais é que a plena integração entre viver e escrever, realidade a que seu interlocutor parece não ter acesso, o que o leva a usar o termo "literatura" em sentido depreciativo. Na sequência do diálogo há um recuo expressivo: como se o escritor tivesse tomado ciência de sua posição em falso, ele lamenta que uma escritora como Clarice (leia-se: do tamanho de Clarice) não possa comer e beber com ele porque *perde tempo escrevendo*, já que precisa ganhar a vida — e propõe como solução simbólica bombardear a Academia Brasileira de Letras. Clarice, a despeito de nunca ter postulado um lugar na ABL, dessa vez contorna a provocação com autoironia, pedindo uma "chave de ouro" que não os humilhe para sua tentativa de sobrevivência financeira. Parece claro que, a despeito de suas eventuais crises e hesitações, Clarice comporta-se como quem conhece o lugar que ocupa no campo literário e é o habitus correspondente, para usar o termo de Bourdieu, que vemos em ação na altercação com seu amigo.

Esse jogo de colocar-se — em geral por contraste — a partir do que sua relação pessoal com o entrevistado permite que ele revele sobre si aparece também nos breves perfis em que Clarice apresenta cada um. Assim, na entrevista com Erico Verissimo, a abertura chama a atenção para o dilema entre sucesso de público versus sucesso de crítica:

> Erico é escritor que não preciso apresentar ao público: trata-se, com Jorge Amado, do único escritor no Brasil que pode viver das vendagens de seus livros. Vendem como pão quente. Recebido de braços abertos pelos leitores, no entanto a crítica muitas vezes o condena.[39]

Conforme já se pôde ver anteriormente, Clarice recusa que a boa vendagem possa servir de critério para a condenação literária, e deixa nas entrelinhas seu desejo de pertencer ao clube seleto de seus dois colegas — talvez o único "clube literário" de que poderia participar, se as implicações disso pudessem ser controladas, conforme fica claro ao longo do diálogo:

> — Sua fama é enorme, Erico. Se eu fosse famosa assim, teria minha vida particular invadida, e não poderia mais escrever. Como é que você se dá com a fama? Eu soube que o ônibus de turistas em Porto Alegre tem como parte do programa mostrar sua casa.[40]

As circunstâncias da vida profissional aparecem também no perfil de Nélida Piñon:

> Nélida Piñon é o que se chama de boa profissional, no melhor sentido da expressão. Tem escritório para nele escrever

39 Ibid., p. 38.   40 Ibid.

e não se deixa ser interrompida por ninguém enquanto trabalha. Tem horário sempre respeitado. Ela é o contrário de mim: nem escritório tenho, além de ser completamente desorganizada. Nélida parece ter o destino traçado por ela mesma. Disse-me que é competitiva (mas saudavelmente competitiva, acrescento eu) e achou que eu não era competitiva. Como é que dois temperamentos tão diferentes resultam numa amizade tão leal? Tudo o que Nélida conquistou foi por força de um caráter impoluto.[41]

E, no corpo da entrevista:

— Eu me considero amadora, porque só escrevo quando tenho vontade. Já passei quase dez anos sem escrever. Você não, é uma profissional no melhor sentido da palavra. Você se sente uma profissional?[42]

Ao que Nélida Piñon replica:

— Peço-lhe licença para contestar sua autodefinição. Considero-a uma extraordinária profissional, que ainda não adquiriu consciência do próprio estado. Sua obra é produto sério e regular, diariamente enriquecido por uma sonda introduzida em sua consciência, e pela qual se realiza permanentemente a comunicação entre o mundo e sua matriz de criação. O que talvez a iniba é o trabalho encomendado. Porém, sujeitar-se ao trabalho encomendado não nos habilita à condição profissional [...] Além de respeitar-se, respeitar o público, o profissional é constantemente exacerbado pela aguda consciência da função social de seu trabalho, que se destina basicamente a acentuar contradições, fixar a mitologia humana.

41 Ibid., p. 44   42 Ibid., p. 46.

Em princípio, todo escritor brasileiro é tratado como amador, porque seu esforço operacional não se traduz em lucro. Invadem-lhe a consciência para que perca o orgulho, e jamais abandone o estágio adolescente que é próprio do amadorismo. Sou profissional, sim, Clarice. Luto por essa condição, e não abdico de tudo que isso implica.[43]

No perfil de Nélida, o contraste explicitado diz respeito às condições mais práticas do exercício da escritura: de fato, Clarice diz em diversos momentos escrever na sala de seu apartamento, com a máquina de escrever no colo e seus filhos em volta, supostamente sem muita organização e planejamento, e sem controle de horário e do fluxo de trabalho. A fixação desses pontos deixa latente a rivalidade entre elas (ambas declaradamente competitivas), ao sugerir que a força da vocação "amadora" torna irrelevante a desvantagem das condições mais pedestres da fatura do texto. É justamente em relação ao amadorismo que Nélida reage, primeiro louvando o profissionalismo inconsciente da amiga para em seguida descaracterizar o trabalho encomendado como critério de profissionalismo; e, finalmente, construir uma definição positiva de escritor profissional que faz questão de afirmar — e que, se inclui Clarice em sua circunscrição, sutilmente a torna menor por sua ausência de reflexividade em relação à sua condição.

A entrevista com Tom Jobim, no entanto, apresenta outra estratégia para lidar com o problema do profissionalismo, apoiada dessa vez na identificação com o interlocutor:

— Por que nós todos somos parte de uma geração quem sabe se fracassada?
— Não concordo absolutamente! — disse Tom.

43 Ibid., pp. 46-7.

— É que eu sinto que nós chegamos ao limiar de portas que estavam abertas — e que por medo ou pelo que não sei, não atravessamos plenamente essas portas. Que no entanto têm nelas já gravado nosso nome. Cada pessoa tem uma porta com seu nome gravado, Tom, e é só através dela que essa pessoa perdida pode entrar e se achar.

— Batei e abrir-se-vos-á.

— Vou confessar a você, Tom, sem o menor vestígio de mentira: sinto que se eu tivesse tido coragem mesmo, eu já teria atravessado a minha porta, e sem medo de que me chamassem de louca. Porque existe uma nova linguagem, tanto a musical quanto a escrita, e nós dois seríamos os legítimos representantes das portas estreitas que nos pertencem. Em resumo e sem vaidade: estou simplesmente dizendo que nós dois temos uma vocação a cumprir. Como se processa em você a elaboração musical que termina em criação?

[...] — Você é quem escolhe os intérpretes e os colaboradores?

[...] — Faz parte da minha profissão estar mesmo sempre sozinha, sem colaboradores e intérpretes. Escute, Tom, todas as vezes em que eu acabei de escrever um livro ou um conto pensei com desespero e com toda certeza que nunca mais escreveria nada.[44]

Há aqui a reiteração do valor da vocação, mas seu cumprimento agora redunda na condição do profissional como aquele que diante da porta estreita que lhe cabe abrir com exclusividades hesita por receio de perder a razão. De todo modo, só ao profissional foi dado perceber a porta entreaberta e o limiar assustador de uma linguagem nova, e talvez a sensação de fracasso a cada obra encerrada seja indício de que a porta poderia ter sido

44 Ibid., pp. 113 e 116.

atravessada, ou a dúvida sobre se de fato não o foi. Entrevistando a escultora Maria Martins, que também fora esposa de diplomata, essa outra "profissão" aparece como obstáculo para a ultrapassagem que poderia resgatar o fracasso de sua geração:

— Como é que você conservou a espontaneidade, mesmo depois de uma longa carreira de mulher de diplomata, o que é raríssimo?
— Respondo como você porque eu me refugiei na arte.
— É, você conseguiu esculpir, eu consegui escrever. Qual o nosso milagre? Acho, eu mesma, que conseguimos graças a uma vocação bastante forte e uma falta de medo de ser considerada "diferente" no ambiente social diplomático.[45]

Noutro trecho, Maria Martins lamenta que a timidez de ambas não é respeitada, e Clarice emenda:

— Assim como não aceitam a verdadeira humildade. Além do mais a maioria das pessoas é estereotipada e não consegue admitir de coração puro o individualismo.
— Mas, Clarice, você já superou essa fase, você é um monstro sagrado, e não há ninguém no Brasil incapaz de te ver como és: luminosa e triste.
— Uma das coisas que me deixam infeliz é essa história de monstro sagrado: os outros me temem à toa, e a gente termina se temendo a si própria. A verdade é que algumas pessoas criaram um mito em torno de mim, o que me atrapalha muito: afasta as pessoas e eu fico sozinha. Mas você sabe que sou de trato muito simples, mesmo que a alma seja complexa.[46]

45 Ibid., p. 188.   46 Ibid.

A vocação artística é agora a razão do milagre da sobrevivência após a carreira de mulher de diplomata, e Clarice teria superado mesmo suas sequelas, como provaria seu estatuto de monstro sagrado. Em sua reação, a mitificação é vista como fonte de isolamento e assim como fator negativo, mesmo que possa ser também condição para a criação. A alma complexa, responsável por criar, combina-se com a pessoa de trato simples, a quem a solidão incomoda.

Um derradeiro excerto das entrevistas de Clarice, dessa vez com a pintora Djanira, pode ajudar a ajustar melhor os termos do dilema do insulamento e a lógica mais geral dos espelhamentos em que ela se mostra:

— Djanira, você é uma criatura fechada. E eu também. Como vamos fazer? O jeito é falar a verdade. A verdade é mais simples que a mentira.

Ela me olhou profundamente. E eu continuei, com esse tipo de timidez que sempre foi a minha:

— Eu quero saber tudo a seu respeito. E cabe a você selecionar o seu tudo, pois não quero invadir sua alma. Quero saber por que você pinta e quero saber por que as pessoas pintam. Quero saber que é que você faria em matéria de arte se não fosse a pintura. Quero saber como é que você foi andando a ponto de se chamar Djanira. E quero a verdade, tanto quanto você possa dar sem ferir-se a si própria. Se você quiser me enganar, me engane, pois não quero que nenhuma pergunta minha faça você sofrer. Se você sabe cozinhar, diga, porque tudo que vier de você eu quero.[47]

A pergunta de Clarice sintetiza muito do que foi trabalhado até aqui, e podemos segui-la passo a passo. A abertura reitera

47 Ibid., pp. 198-9.

a reserva da "criatura fechada", propondo a verdade como antídoto, e a timidez alegada não freia o caráter penetrante das questões, que terá como salvaguarda a preservação da alma contra movimentos invasivos, o que é tão caro a ela. As questões pontuais sobre arte, que se repetem nas entrevistas, são aquelas que Clarice gosta de responder negando que saiba a resposta, e o pacto sobre a verdade tem também sua cláusula de limite ancorada no sofrimento que possa causar. As regras propostas são, portanto, aquelas com que a escritora gosta de jogar quando é interpelada, e dão a extensão e os contornos do campo em que aceita se mover.

O item seguinte, referente às apresentações públicas de Clarice, acrescenta uma dimensão performativa ao conteúdo mais discursivo de que venho tratando. A primeira delas é anterior ao período da escrita "com a ponta dos dedos", mas afigura-se como a base de sustentação do posicionamento assumido nas crônicas; a segunda conferência tratada vem ao encontro da estratégia de autor em desenvolvimento nos anos 1970.

3.
Bruxaria

Em 1963, Clarice participou do XI Congresso Bienal do Instituto Internacional de Literatura Ibero-Americana, na Universidade do Texas. Coube a ela uma das oito conferências que compunham o Congresso, e, de acordo com a encomenda recebida, ela deveria oferecer um panorama crítico da literatura brasileira, incluindo-se nele. De certa forma, ela faz o oposto, deixando expressa sua negação da posição de crítica literária e excluindo sua obra do escopo da apresentação, intitulada "Literatura de vanguarda no Brasil". Sua fala é de quatro anos antes da atividade de cronista, e o meu interesse central é mostrar como ela produz uma elaboração mais intelectualmente armada da posição desenhada nos textos que acompanhamos, sobretudo no modo como essa postura, algo deslocada em relação àquela que corresponderia tipicamente ao do escritor erudito, articula-se sistematicamente à questão da vanguarda no que esta abriga de ligação entre literatura e mundo vivido, configurando-se como ponto de vista para a observação e o comentário sobre a produção dos escritores brasileiros. Assim, Clarice elabora aqui num registro mais reflexivo os temas e as opiniões que a cronista trabalha de forma mais solta, descompromissada com a unidade de uma mensagem coerente. Ou seja, não há nada nas crônicas que já não esteja prefigurado aqui, mas a diferença de registro é significativa, e sua interpretação pede um acompanhamento de perto do andamento do texto, para dar nitidez a seu caráter sistêmico, começando da introdução da conferência, em que Clarice comenta seu despreparo para a tarefa:

É com humildade que vou falar muito por alto o que penso da literatura de vanguarda no Brasil: pois não sou crítica. Acabo de vir de um congresso de críticos e tenho vergonha de falar da literatura.

O convite que me foi feito para uma palestra deixou-me honrada, mas ao mesmo tempo a ponto de não aceitá-lo. Um convite como este cabe mais a um crítico do que a um ficcionista. Ou pelo menos a um tipo de ficcionista que não é o meu. Nem toda pessoa que escreve está necessariamente a par das teorias a respeito de literatura e nem todas têm boa formação cultural: é o meu caso. Nem sempre o ficcionista está à altura de falar até sobre ficção. Ou é capaz de uma objetividade que resultaria numa visão panorâmica do que se faz nos diversos setores da literatura. Ou sabe estabelecer suas relações com as outras artes, a fim de poder dar uma ideia de um todo orgânico, cujas raízes são diversas e nem sempre imediatamente visíveis. E, de novo, este é o meu caso. Além do fato de eu não ter tendência para a erudição e para o paciente trabalho de análise literária e da observação específica, acontece que, por circunstâncias internas e externas, não posso dizer que tenha acompanhado de perto a efervescência dos movimentos que surgiram e das experiências que se tentaram, quer no Brasil, quer fora do Brasil. [...] Nunca tive, enfim, o que se chama verdadeiramente de vida intelectual. Até para escrever uso minha intuição mais que a inteligência. Pior ainda: embora sem essa vida intelectual, eu pelo menos poderia ter tido o hábito ou gosto de pensar sobre o fenômeno literário. Mas também isso não faz parte do meu caminho. Apesar de ocupada, desde que eu me conheço, com o escrever — eu já escrevia quando tinha sete anos de idade —, apesar disso, infelizmente faltou-me encarar também a literatura de fora para dentro, isto é, como uma abstração. Literatura para mim é o modo como os outros chamam o que nós, os escritores, fazemos. E pensar agora em termos de literatura no que nós fazemos e vivemos, foi para mim uma experiência nova. De início pareceu-me desagradável: seria, por assim dizer, como uma pessoa referir-se a si própria, chamando-se pelo nome de Antonio ou Maria. Depois a experiência revelou-se menos má: chamar-se a si mesmo pelo nome que os outros nos dão, soa como uma convocação de alistamento. E, do momento em que eu mesma me chamei, senti-me com algum encanto inesperadamente alistada. Alistada sim, mas bastante confusa.[48]

Conhecemos já a Clarice que não é crítica, e, sendo ficcionista, estaria desautorizada a falar sobre ficção dado seu desconhecimento específico e seu despreparo intelectual mais amplo, próprio de quem não teria vida intelectual. Mas aqui, o desinteresse pelo fenômeno literário como objeto de conhecimento, ou, nos seus termos, como abstração, tem um papel específico em sua fala, conectando-a a uma definição pragmática de literatura que se dá em dois tempos: literatura é o nome que os outros dão para o que fazem os escritores, mas é também um ponto de partida ou um viés para pensar aquilo que faz e vive o escritor. É importante perceber que é nesse segundo nível que se põe a palestrante, recurso que lhe permite falar de literatura escapando do essencialismo, evitando a teorização e o discurso especulativo. Parece que, parafraseando Gombrich, a questão para Clarice não é "o *que* é literatura", mas *quando* e *como* é literatura. No entanto, essa postura tem uma

---

48 Id., *Outros escritos*. Rio de Janeiro: Rocco, 2005, pp. 95-6.

consequência identitária que ela precisa enfrentar, e o faz assumindo chamar-se a si mesma pelo nome que os outros lhe dão, e admitindo que isso envolve implicar-se nesse chamamento no duplo sentido do termo, como nomeação e como apelo.

Assim, o longo preâmbulo nada tem de protocolar, pois manifesta um posicionamento que vai sustentar todo o andamento ulterior, a começar pela próxima passagem, dedicada a discutir o conceito de vanguarda e elaborar um que possa ser operacionalizado:

> Nessa minha experiência fui levada a pensar — pela primeira vez com atenção — na palavra "vanguarda". E, por uma questão de autoclarificação e auto-honestidade, precisei também tentar a configuração do que para mim significava uma vanguarda literária. Vanguarda seria, também para mim, é claro, experimentação. Que eu estava alistada, já expliquei como: confusa, é o que explicarei. O que me confundiu um pouco a respeito de vanguarda como experimentação, é que toda verdadeira arte é também uma experimentação, e, lamento contrariar muitos, toda verdadeira vida é experimentação, ninguém escapa. Por que então uma experimentação era vanguarda e outra não? Vanguarda seria aquela que revertesse valores formais e tentasse, por assim dizer, um oposto ao que se estivesse no momento sendo formalmente feito? Era simplório demais, além de que tão raso como as modas. Quem sabe, vanguarda seria para mim a forma sendo usada como novo elemento estético? Mas a expressão "elemento estético" não se entende bem comigo. Ou vanguarda seria a nova forma, usada para rebentar a visão estratificada e forçar, pela arrebentação, a visão de uma realidade outra — ou, em suma, da realidade? Isso já estava melhor. Qualquer verdadeira experimentação levaria a maior autoconhecimento, o que significaria:

conhecimento. Vanguarda seria pois, em última análise, um dos instrumentos de conhecimento, um instrumento avançado de pesquisa. Esse modo de experimentação partiria de renovações formais que levariam ao reexame de conceitos, mesmo de conceitos não formulados. Mas poderia também partir da consciência, mesmo não formulada, de conceitos novos, e revestir-se inclusive de uma forma clássica [...].[49]

O problema da vanguarda é formulado na mesma chave que articula vida e arte (recordemos: o que faz e o que vive o escritor), agora dois domínios da experimentação, e o elemento recorrente é a propriedade que ambas as experimentações teriam de quebrar visões estratificadas e assim penetrar mais fundamente na realidade — o que leva ao problema da forma, já que toda renovação em questão não pode prescindir dela. Isso leva à discussão da relação fundo-forma:

> É que eu estava lidando com um assunto que é afim a duas palavras cujo significado nunca tivera muito sentido para mim: refiro-me à expressão "fundo e forma". São palavras usadas em contraposição ou em justaposição, não importa, mas significando de qualquer maneira divisão. E essa expressão "forma-fundo" sempre me desagradou vitalmente — assim como me incomoda a divisão "corpo--alma", "matéria-energia" etc. [...] Mas "inovação de forma" podia então implicar conteúdo ou fundo antigo? mas que conteúdo é esse que não poderia existir sem a chamada forma? que fio de cabelo é esse que existiria anteriormente ao próprio fio de cabelo? qual é a existência que é anterior à própria existência? Vendo-me tão confusa, então eu me propus, apenas para me facilitar e também apenas para

49 Ibid., p. 97.

hipótese de avanço meu, que para mim a palavra "tema" seria aquela que substituiria a unidade indivisível que é fundo-forma. Um "tema" sim, pode preexistir, e dele se pode falar antes, durante e depois da coisa propriamente dita; mas fundo-forma é a coisa propriamente dita, e do fundo-forma só se sabe do ler, ver, ouvir, experimentar. Eu me propus: tema, e a coisa escrita; tema, e a coisa pintada; tema, e a música; tema, e viver.[50]

Nesse desdobramento, Clarice consolida a posse dos instrumentos de que fará uso nos comentários que virão: definida a vanguarda como um estado ativo de experimentação e pesquisa, socorre-se agora da noção de tema como união forma-fundo que se aplica aos materiais que a arte recolhe da vida e à própria vida. Chegamos então ao objeto da análise encomendada, restrita quase inteiramente à primeira vanguarda modernista, já consagrada (talvez representante da "forma clássica" no sentido usado por ela). Clarice questiona a efetividade do movimento de 1922 como vanguarda e responde afirmativamente, graças a seu caráter libertador, que ela exemplifica com a "Ode ao burguês", de Mário de Andrade; e, em seguida, antes de citar o "Poema de sete faces", de Drummond, apresenta o poeta com um breve comentário pleno de agudeza analítica, expressão que ela seguramente rejeitaria:

Drummond é a palavra nua, coberta somente por uma tênue camada: a da contenção da nudez. Drummond não se permite o êxtase, nem mesmo o do sofrimento — e nessa autoprivação ele nos dói ainda mais. Mas com isso não está nada dito sobre Drummond, nem como foi que ele nos guiou tanto. Por incapacidade minha de análise,

50 Ibid., p. 98.

eu não tentaria analisá-lo. Essa minha incapacidade me dá grande alegria pessoal, no caso: por não poder analisá--lo, é que fico com todo ele. [...] Lendo Drummond, não um poema, mas acompanhando sua obra, acompanha-se a profunda respiração de um homem. Ele é um guia, sem que eu saiba dizer em quê — e isto é vanguarda para mim.[51]

Os critérios de avaliação de Clarice mostram-se com clareza na frase final do primeiro trecho citado anteriormente, bastando considerar a disjunção proposta entre analisar e apropriar-se da poesia: se pudesse analisá-lo, ela o perderia porque o poema seria irremediavelmente convertido em objeto da atividade intelectual, o que dissolveria sua dimensão de experiência vivida, condição para que seu autor possa incluir-se no campo da vanguarda, conforme reitera o segundo trecho citado. Procedendo como que por amostragem, a conferência segue mencionando exemplos como a "Psicologia da composição", de João Cabral de Melo Neto, e detendo-se um pouco mais no romance dos anos 1930, que merece um desenvolvimento do conceito de vanguarda:

[...] penso que o romance de Graciliano Ramos, com sua linguagem límpida, pura, cuidada e já clássica, e ao mesmo tempo um José Lins do Rego, com o seu chamado desleixo de linguagem, foram, por exemplo, vanguarda para nós. E isso porque em ambos havia a realidade da descoberta do Nordeste, o que não existia antes em nossa literatura. Não estou dizendo que houve a descoberta de um "tema", mas muito mais que isto: houve um fundo-forma indivisível, fundo-forma é uma apreensão, e houve a apreensão de

51 Ibid., p. 101.

um modo de ser. O ciclo do Nordeste significou usar uma linguagem brasileira numa realidade brasileira.[52]

A expansão do marco que caracteriza a vanguarda para a dimensão da experiência coletiva, exemplificada pelo chamado romance regionalista, levará à consideração da relação entre literatura e política:

> O novo modo de ver leva fatalmente a uma mudança formal — e agora estou, para melhor clarificação, usando a dicotomia de fundo e forma. Por exemplo: muitos jovens escritores nossos estão preocupados com a politização. [...] Para nós, politização é principalmente uma das ramificações da urgência de entendermos as nossas coisas no que elas têm de peculiares ao Brasil e no que representam necessidades profundas nossas, inclusive mesmo as estéticas. A raiva de muitos de nossos *angry-men* manifesta-se em revolta social: é para onde dirigem o desespero. Como quase todas as revoltas, esta é sadia. Mas que teria isso a ver com vanguarda literária, já que a literatura deles nem sempre é de vanguarda? É que eles vivem uma atmosfera de linha de frente, onde novos modos se esboçam. Pois de uma maneira geral — e agora sem falar apenas de politização — a atmosfera é de vanguarda, o nosso crescimento íntimo está forçando as comportas e rebentará com as formas inúteis de ser e de escrever.[53]

Depreende-se que a politização da escrita não é impedimento nem garantia de êxito literário, depende de encaixar-se no viés da vanguarda, que ganhou a dimensão de autoconhecimento coletivo:

52 Ibid., p. 104.   **53** Ibid., p. 105.

Estou chamando o nosso progressivo autoconhecimento de vanguarda. Estou chamando de vanguarda "pensarmos" a nossa língua. [...] Pensar a língua portuguesa no Brasil significa pensar sociologicamente, psicologicamente, filosoficamente, linguisticamente sobre nós mesmos. Os resultados são e serão o que se chama de linguagem literária, isto é, linguagem que reflete e diz, com palavras que instantaneamente aludem a coisas que vivemos; numa linguagem real, numa linguagem que é fundo e forma, a palavra é na verdade um ideograma. [...] cada sintaxe nova é então reflexo indireto de novos relacionamentos, de um maior aprofundamento em nós mesmos, de uma consciência mais nítida do mundo e de nosso mundo. Cada sintaxe nova abre então pequenas liberdades. Não as liberdades arbitrárias de quem pretende "variar", mas uma liberdade mais verdadeira, e esta consiste em descobrir que se é livre.[54]

Aqui se tem toda a sequência argumentativa que, pela via da construção de uma noção de fato operatória — porque ancorada no vivido e no pensado; no pensado como vivido e vice-versa — de vanguarda, chega à articulação entre ética e estética a que já fiz menção, que pode ser declinada no individual, mas existe coletivamente, e assim abarca a esfera política. Nessa linha de apresentação da vanguarda modernista, Clarice inclui ainda Guimarães Rosa, Manuel Bandeira, Mário de Andrade (mais em *Macunaíma* e nos contos do que nos poemas), e menciona também, como frutos do movimento de 1922, Adonias Filho, Dalton Trevisan, Murilo Rubião, Alberto Dines, Rubem Fonseca, Marina Colasanti, Sérgio Sant'Anna, Luiz Vilela, Moura Fontes, Nélida Piñon, Marly de Oliveira. Talvez excessivamente generosa em sua lista com alguns amigos pessoais, Clarice aproveita

54 Ibid., pp. 105-6.

a linha de apreciação que desenvolveu para criticar escritores que não nomeia:

> Quanto a uma crise em arte, existe como sempre e de um modo geral: falta de criatividade, falta de verdadeira originalidade. Procura-se substituir a originalidade por, entre aspas, "novidades", "modismos", como se fossem a mesma coisa. E existem alguns jovens escritores um pouco intelectualizados demais. Parece-me que eles não se inspiram na, digamos, "coisa em si", e sim se inspiram na literatura alheia, na "coisa já literalizada". Não vão diretamente à fonte, seguem o resultado já atingido por outros escritores. Uma literalização da literatura, digamos assim. [...]
> Acho que existe também uma vanguarda forçada, isto é, o autor se determina a ser "original" e vanguardista. O que para mim não vale. Só me alegra muito a originalidade que venha de dentro para fora e não o contrário. Só a verdadeira vanguarda faz com que os vanguardistas possam ser chamados de contemporâneos do dia seguinte.[55]

Retomarei adiante a questão da literatura que não partiria da realidade, e sim de sua versão "literalizada", escaninho em que parte considerável da fortuna crítica da própria Clarice gosta de encaixá-la, sem se dar conta disso — o que, para ela, configura um claro déficit literário, diante de tudo que vimos até aqui.

Voltando a atenção para as circunstâncias mais gerais da apresentação, registre-se que a Universidade do Texas foi uma das pioneiras nos estudos latino-americanos e na formação de brasilianistas, que se espalharia no sistema universitário norte-americano no embalo do interesse gerado pela Revolução Cubana de 1959. Clarice era a única mulher entre os oito

55 Ibid., p. 109.

conferencistas do congresso, e o impacto de sua apresentação relaciona-se também a esse fato, ao menos na interpretação de Benjamin Moser. Na plateia estava Gregory Rabassa, importante tradutor de literatura latino-americana, que havia vertido para o inglês *Cem anos de solidão*, de Gabriel García Márquez, entre outros, e seria o tradutor da edição de *A maçã no escuro* em 1967, a primeira na língua inglesa. De acordo com Moser, Rabassa impressiona-se ao "conhecer aquela pessoa rara, que se parecia com Marlene Dietrich e escrevia como Virginia Woolf",[56] ao mesmo tempo que considera que "Clarice, a romancista, fez uma exposição muito mais convincente sobre literatura do que qualquer um dos eruditos e críticos profissionais que dividiam o palco com ela".[57] A confiarmos no parecer do tradutor, a estratégia de autor usada por Clarice teria tido pleno êxito, singularizando-a como voz feminina e despretensiosa entre homens eruditos profissionais tanto pela força de sua imagem como pela agudeza de sua exposição. No entanto, ela recusa a publicação do texto como ensaio numa revista acadêmica, pois isso a impediria de proferi-la outras vezes, como de fato o fez: há registro da mesma conferência lida em Vitória, Belo Horizonte, Campos, Belém e, por fim, Brasília em 1974.[58] Ou seja, por mais de onze anos o texto acompanhou Clarice a um só tempo como manifesto estético (ou o mais próximo disso que se pode encontrar em seus pronunciamentos) e ganha-pão — e, mais uma vez, deparamo-nos com o vínculo arte-vida; além disso, a crônica no *Jornal do Brasil* de 7 de dezembro de 1968, com o título "De uma conferência no Texas", é composta exclusivamente da transcrição de um longo trecho do texto, justamente aquele em que ela trabalha seus conceitos

---

56 Em carta de Gregory Rabassa a Giovanni Pontiero, 13 nov. 1992, coleção do autor. In: Benjamin Moser, *Clarice, uma biografia*. São Paulo: Cosac Naify, 2011, pp. 442-3. **57** Ibid., p. 443. **58** Clarice Lispector, "Clarice ensaísta". In: *Outros escritos*. Rio de Janeiro: Rocco, 2005, pp. 93-4.

de vanguarda e da relação fundo-forma, mostrando a variabilidade performativa de um mesmo discurso.

Em síntese, não surpreende o apuro com o preparo de um discurso consistente a ser apresentado numa instituição acadêmica prestigiosa, ao lado de críticos e intelectuais que não são ficcionistas; de outro lado, Clarice deve combinar as palavras ditas com o agenciamento de sua imagem, engajando-se no jogo cuja lógica critica com o cuidado de propor inovações no critério de julgamento que mantém intacto o cânone e deixa em suspenso sua proximidade com ele. Atuando como cronista, o viés mundano de sua atitude será acentuado, com a exploração quase anedótica de sua desconexão com a vida intelectual via desprezo de seus marcadores mais comuns; no entanto, as salvaguardas de suas competências específicas de escritora "amadora" vão aos poucos ganhando lastro em meio à despretensão desdenhosa com que se alinha aos leigos em literatura. Há ao menos duas outras ocasiões em que Clarice apresenta conferências fora do Brasil, já nos anos 1970; numa delas, o insólito do tema e sua performance merecem comentário.

Em 1974, Clarice e Lygia Fagundes Telles foram as representantes brasileiras no Congresso Literário sobre Narrativa na cidade colombiana de Cali, e essa experiência rendeu-lhe um novo convite: Simón González, colombiano que prepara para o ano seguinte um congresso sobre bruxaria em Bogotá, a chama para participar do evento após assistir à sua apresentação em Cali. Na carta convite, González comenta os benefícios supostos do aceite:

Sentimos que será para você uma experiência importante, eminentemente reveladora, repleta de novos insights, seja o seu campo de pesquisa a bruxaria ou a parapsicologia, a astrologia ou a alquimia, magia antiga ou feitiçaria moderna, percepção extrassensorial ou qualquer outro dos incontáveis meios pelos quais homens e mulheres se tornam conscientes não apenas de faculdades normalmente adormecidas dentro de si, mas também de uma pulsante realidade para além dos sentidos, e de territórios místicos de amor, alegria e poder nunca alcançados pelos descrentes.[59]

Clarice era supersticiosa e frequentava uma cartomante, mas estava longe de aderir programaticamente à voga esotérica dos anos 1960 e 1970 ou a qualquer outra prática afeita à contracultura; ainda assim, aceita o convite e será uma das participantes do Primeiro Congresso Mundial de Bruxaria, numa Bogotá sob estado de sítio imposto pelos militares — o que não impediu o grande afluxo de público, seja aquele inscrito no evento, 2 mil pessoas pagantes, seja os cerca de 150 mil que circularam num pavilhão aberto ao público que buscasse os serviços dos ocultistas à disposição. A presença do ilusionista israelense Uri Geller, celebridade internacional à época, ajuda a explicar o interesse despertado pelo evento e sua grande repercussão, bem como sua dimensão eclética e espetaculosa.[60] Antes de viajar, Clarice fala sobre suas intenções:

No Congresso pretendo mais ouvir que falar. Só falarei se não puder evitar que isso aconteça, mas falarei sobre a magia do fenômeno natural, pois acho inteiramente mágico o fato de uma escura e seca semente conter em si uma planta verde e brilhante. Também pretendo ler um conto chamado "O ovo e a galinha", que é mágico porque o ovo é puro, o ovo é branco, o ovo tem um filho.[61]

---

59 Carta de Simón González, 1975, ACL. In: Benjamin Moser, op. cit., p. 596.
60 Ibid., pp. 596-7. **61** Entrevista da escritora na revista *Veja*. In: Clarice Lispector, *Outros escritos*, op. cit., p. 120.

Os termos enigmáticos da declaração antecipam o curto-circuito de significados em seu gesto de dirigir-se ao Congresso e em sua apresentação efetiva. A princípio, a leitura do conto seria precedida por uma introdução, e Clarice escreve duas versões desse texto, ambas chamadas "Literatura e magia". Embora no momento da apresentação ela tenha desistido de ambas e pedido que uma terceira pessoa lesse diretamente o conto na versão em inglês que ela havia preparado, vale a pena acompanhar o ar de família desses textos com a linha de interpretação que venho desenvolvendo, começando pela primeira versão, bastante sucinta, da apresentação, em sua íntegra:

> Tenho pouco a dizer sobre magia. E acho que o contato com o sobrenatural é feito em silêncio e [numa profunda] meditação solitária. A inspiração, para qualquer forma de arte, tem um toque mágico porque a criação é absolutamente inexplicável. Não creio que a inspiração venha do sobrenatural. Suponho que emerge do mais profundo "eu" de cada pessoa, das profundezas do inconsciente individual, coletivo, cósmico. O que não deixa de certa forma de ser um pouco sobrenatural. Mas acontece que tudo que vive e chamamos de "natural" é, em última instância, sobrenatural. Como só tenho a dar às pessoas aqui presentes minha literatura, uma pessoa vai ler por mim um conto meu chamado "O ovo e a galinha". Esse meu texto é misterioso até para mim mesma e tem uma simbologia secreta. Peço que ouçam a leitura apenas com o raciocínio, senão tudo escapará ao entendimento. Se meia dúzia de pessoas realmente sentirem esse texto já ficarei satisfeita. E agora "O ovo e a galinha".[62]

62 Ibid., p. 121.

O texto não esclarece muito sobre as relações que quer introduzir (literatura e magia, natural e sobrenatural), funcionando mais como álibi para a leitura do conto ao declarar que há nele uma "simbologia secreta" que escapa à própria autora. A segunda versão reforça a identificação entre o sobrenatural/inexplicável e o natural:

> Tenho pouco a dizer para uma plateia exigente. Mas vou dizer uma coisa: para mim, o que quer que exista, existe por algum tipo de mágica. Além disso, os fenômenos naturais são mais mágicos que os sobrenaturais. [...] Também considero mágico o sol inexplicável que aquece todo o meu corpo. Mágico também é o fato de termos inventado Deus e que, por milagre, Ele existe.[63]

O acréscimo feito nessa segunda versão é a narração de episódios de sua vida em que coincidências ou sincronismos a teriam levado a experimentar essa dimensão mágica; e, sobretudo, a inclusão da inspiração literária nessa dimensão, no fechamento do texto:

> E para terminar, direi uma coisa que pode parecer absurda, porque o que vou dizer é alta matemática, mágica pura. A mágica em relação ao que se escreve chama atenção para a palavra "inspiração". Como explicar a inspiração? Às vezes, no meio da noite, dormindo um sono profundo, eu acordo de repente, anoto uma frase cheia de palavras novas, depois volto a dormir como se nada tivesse acontecido. Escrever, e falo de escrever de verdade, é completamente mágico. As palavras vêm de lugares tão distantes dentro de mim que parecem ter sido pensadas por desconhecidos, e

63 Ibid.

não por mim mesma. Os críticos consideram que escrevo o que chamam de "realismo mágico". E um crítico, não me lembro de qual país da América Latina, escreveu sobre mim: ela não é escritora, é uma bruxa.

E agora quero ouvir o que vocês sabem sobre bruxaria.[64]

Clarice evoca o conhecido paralelo entre literatura e magia, via de regra mobilizado como recurso de elevação do literário ao domínio do transcendente, sendo esse justamente um modo de fazê-lo do ângulo mais pedestre do não especialista, isto é, daquele desprovido dos recursos retóricos que poderiam promover essa elevação ao registro erudito — mais uma vez estaríamos próximos de uma metafísica popular. Assim, a indiferença que demonstrara anteriormente em relação aos critérios mais legítimos de promoção do métier de escritor ficariam reafirmados de modo performativo; ao mesmo tempo, fora do plano textual, o inusitado da participação no Congresso produz por si mesmo um deslocamento do lugar simbólico da enunciação, permitindo a Clarice tratar de literatura com a leveza própria do que escapa à argumentação cerrada, situar-se no plano do sensível e da intuição e reativar o lugar-comum, que incide também sobre a magia da inspiração artística. Os lances mais assertivos a respeito disso incluem a indiferença ou a aceitação tácita da opinião de críticos que a incorporam ao "realismo mágico", gênero típico do "boom" da nova ficção latino-americana de que a literatura brasileira ficou excluída, ou que a chamam de bruxa como elogio supremo à sua produção. Assumir-se como bruxa da literatura brasileira reforça a posição crítica em relação aos consensos partilhados no âmbito mais legítimo do sistema literário, ao mesmo tempo que afirma

---

64 Ibid., pp. 122-4.

a validade de seus próprios critérios; ao rebaixar-se na hierarquia, Clarice rebaixa a própria hierarquia, colocando-se assim para além dela, e esse procedimento já está concluído no momento em que aceita participar de um congresso de bruxaria, desconsiderando a grave ameaça que esse gesto traz em si mesmo para a reputação literária, mesmo de escritores já bem estabelecidos. Lembremos que se, ao fim, o conto foi lido sem qualquer introdução, sua escolha adiciona mais ambiguidade ao caso: "O ovo e a galinha", que Clarice prezava como uma das realizações de que mais gostava apesar de (ou justamente por) não compreendê-lo, é um de seus textos mais herméticos; e, se ela adicionou um toque de ocultismo para justificar a escolha em suas declarações à plateia que ouviu sua leitura em inglês, sem qualquer preâmbulo que o situasse, deve ter soado como puro nonsense, efeito talvez esperado por sua autora.

Na ocasião da apresentação no Texas, a despeito das recusas textuais do lugar do escritor intelectual, o esforço argumentativo que acompanhamos e a natureza do evento coloca Clarice mais próxima do lugar reservado ao escritor nos cumes definidos pela lógica classificatória dominante, que respalda sua legitimidade para apresentar a literatura brasileira no estrangeiro. Em relação à conferência em Bogotá, só o fato de estar lá implica uma disposição distinta, mais hostil a esse lugar que é negado mais na atitude do que no texto. Há uma passagem entre as figuras da esfinge e da bruxa, mas dotada de recursividade: a esfinge já traz algo da bruxa em seu texto, e a bruxa conserva afinal a estratégia de escritura da Esfinge. O deslocamento do lugar do escritor é o ponto comum aos dois episódios: no primeiro caso, chamada a discutir a vanguarda Clarice esquiva-se do papel de sujeito e mira o anticlímax em relação à lógica do convite ao tangenciar a presumível condição de escritora intelectual de vanguarda. No segundo caso, o convite, potencialmente mortal para a pretensão de seriedade, é aceito com naturalidade, mas a performance em si contradiz a expectativa apresentando um conto que faz apelo a uma fruição puramente literária.

4.
La chair est triste e a hora do lixo

O conjunto da produção não literária de Clarice aqui analisada mostra a construção de uma estratégia de autor em dissonância com a figura do escritor mais conforme à tradição letrada, figura essa implícita no seu texto literário. Para que esse contraste seja enfrentado em suas ambiguidades, dando mais nitidez ao modo como foi operado por Clarice, é preciso desenvolver aspectos centrais da estratégia de escritura que foi se consolidando no período tratado um pouco além do que já foi considerado até aqui, o que remeteria à análise de sua linguagem artística, que pretendo contemplar não em si mesma, mas tal como se reflete na crítica e nas instruções ao leitor que Clarice inclui na introdução de alguns de seus livros. Com isso será possível compreender melhor como a autorialidade direciona a leitura no seu caso específico.

A distância dos escritos literários de Clarice do registro realista e a suposta desterritorialização já mencionada fizeram dela alvo preferencial de cooptação pelas vertentes críticas que, a exemplo do formalismo russo e da narratologia francesa, negam, com maior ou menor radicalidade, a função referencial da literatura. Na essência do procedimento literário estaria a autorreferencialidade, ou no máximo a intertextualidade — no limite, a literatura não falaria do mundo, mas da própria literatura, já que toda relação com o mundo está antes mediada pela linguagem; donde segue a crítica do realismo que esconde essa relação primeira naturalizando os códigos de que se serve. O texto é visado como objeto fechado, como vimos, instaurando um dualismo com o contexto em que o funcionamento interno do primeiro, autoproduzido, dispensa qualquer elemento exterior para sua compreensão — do contrário, qualquer mobilização contextual implicaria um imperialismo sociológico que sufocaria a livre criação artística ao solapar sua inefabilidade. Assim, o problema do realismo volta-se para o interior da linguagem, único lugar possível para a afirmação do Ser, na pista heideggeriana, e a grande literatura coincide com a revelação do conteúdo de verdade a ser garimpado na profundidade abissal do texto. Creio que esse tipo de retórica crítica, recorrente na apreciação da literatura clariciana, arrisca-se a repetir clichês que não dizem muito sobre a produção de Clarice; e, se de fato sua escrita literária fustiga os pressupostos da representação, talvez isso possa ser lido como afirmação de um modo de relação entre a palavra e a coisa que fuja justamente do realismo ingênuo, mas também do fechamento em si mesma da obra sujeita então ao jargão da suposta autenticidade performativa da linguagem como chancela de seu valor, constituindo assim um padrão de "profundidade literária" pré-fabricado que se naturaliza como doxa no campo literário, com seus equivalentes nos diversos setores do campo intelectual, a exemplo das manifestações dos filósofos. Ou seja, se considerarmos a estratégia de escritura de Clarice em seus textos de ficção, de fato parece evidente sua adequação às categorias estéticas disponíveis para a crítica literária; mais ainda, seu texto aproxima-se do tipo ideal da "literatura pura", só desvendável pela "crítica pura", ou seja, não contaminada pelo que está fora do texto. No entanto, e a contrapelo disso, sua estratégia de autor, modo de apresentação de si, encenação a que nenhum escritor escapa a partir do momento em que o romantismo tornou sua vida e obra objeto potencial de culto, se realiza em boa medida fora do texto literário e em tensão com ele. Ou seja, há um compromisso tenso entre um procedimento de escrita francamente inovador em seus meios e a preservação de um cenário autoral predominantemente oposto a ele, como vimos nas apresentações de si que oferece presencialmente a seu público ou em suas intervenções públicas por meio da imprensa, espaço preferencial de encenação da figura do escritor ao longo do século XX.

No caso de Clarice, essas tensões e assonâncias entre os dois aspectos da atividade literária como a venho tratando atingem nos anos 1970 seu ponto de maior relevância como apoio para a escrita literária; ou, noutros termos, é nesse período que o apagamento entre as fronteiras entre a pessoa do artista e sua obra é mais instrumental em seu trabalho, que incorpora a encenação da autoria como recurso literário. Aqui é necessário retomar alguns pontos antes de avançar.

Nos anos que se seguem ao retorno definitivo ao Brasil, a produção literária de Clarice compreende um primeiro momento relativamente curto, em que publica, como vimos, alguns de seus livros mais consagrados: o volume de contos *Laços de família* (1960), os romances *A maçã no escuro* (1961) e *A paixão segundo G. H.* (1964) e outro livro de contos, *A legião estrangeira* (1964). Nesse momento, antes da estreia como cronista, a repercussão de seus escritos deve-se quase inteiramente à crítica e à divulgação boca a boca, e de modo muito limitado — basta observar que *A paixão segundo G. H.*, talvez seu livro mais celebrado, tem pouquíssima repercussão quando lançado, e só muito lentamente Clarice vai ganhando renome, em boa medida graças às encenações do romance como peça teatral, a primeira delas em 1965 no Rio de Janeiro. Nesse mesmo ano, o filósofo José Américo Motta Pessanha publica um artigo sobre o livro na revista *Cadernos Brasileiros*,[65] e

65 José Américo Motta Pessanha, "Clarice Lispector: O itinerário da paixão". *Cadernos Brasileiros*, Rio de Janeiro, n. 29, 1965.

no ano seguinte o também filósofo Benedito Nunes escreve o primeiro livro sobre a obra de Clarice.[66] Em comum entre eles aparece não só a leitura filosofante, atinente à metafísica e à filosofia primeira no caso de Pessanha e ao existencialismo no de Nunes, mas a centralidade que o romance ganha na leitura da obra, como seu ponto de chegada, e chave para a leitura que dá sentido e coerência ao projeto literário retrospectivamente. Clarice leu os textos e conheceu seus autores, estabelecendo inclusive correspondência com Motta Pessanha, e dá a mesma centralidade ao livro, que considera sua maior realização, o que explica a angústia em relação ao caminho a ser seguido depois. Seu próximo romance, *Uma aprendizagem ou o livro dos prazeres*, cinco anos após *A paixão segundo G. H.*, é comumente lido pela crítica como um retrocesso em termos de ousadia estética e radicalidade no enfrentamento das diversas questões suscitadas na obra anterior, e, segundo Moser, foi taxado como superficial e frívolo por admiradores, entre eles Vilma Arêas e Claire Varin.[67] É significativo que, a exemplo do que havia feito em *G. H.*, Clarice inclui no volume uma nota explicativa dirigida ao leitor: "Este livro pediu uma liberdade maior que tive medo de dar. Ele está muito acima de mim. Humildemente tentei escrevê-lo. Eu sou mais forte do que eu".[68]

Esse curto período que precede a narrativa inaugura em 1969 a fase literária da escrita "com a ponta dos dedos" e localiza-se já no período de produção das crônicas. Como vimos, é nessa segunda fase pós-retorno ao Brasil que se arma a figura de autor em desalinho relativo com a escritura

---

66 Benedito Nunes, *O mundo de Clarice Lispector*. Manaus: Edições Governo do Estado do Amazonas, 1966. **67** Benjamin Moser, op. cit., p. 507. **68** Clarice Lispector, *Uma aprendizagem ou o livro dos prazeres*. Rio de Janeiro: Rocco, 1998, p. 9.

literária, e a nota pode ser lida como uma tentativa de realinhamento entre as duas estratégias, mas eivada de ambiguidades: em relação ao anterior, o novo livro é bem mais transitivo em sua linguagem, inaugurando o uso de uma narrativa mais linear sustentada por um enredo a que a autora não negará um desfecho; numa palavra, o texto é de comunicação consideravelmente mais fácil e direta; no entanto, a nota antecipa a novidade como a ousadia de permitir-se a tentativa de uma liberdade maior, que incorpora também pensar saídas possíveis para o dilema em que a relação com a vida é desenhada em *G. H.* Ou seja, a tarefa literária mais difícil não estaria na exposição linguisticamente inventiva de um impasse essencial em sua radicalidade, com possível efeito paralisante, mas no desprendimento quanto ao gradiente da escala literária de modo a adequá-la à vida em seu caráter mais ordinário, oferecendo algo como o consolo, ainda que hesitante, de uma solução que o texto vai construindo dessa vez à medida que faz crescer o dilema. Nos termos da própria Clarice, ela teria se humanizado na passagem entre os dois romances, segundo diz em entrevista no momento da publicação de *Uma aprendizagem*, conforme relatado por Moser: "Quando o livro saiu, uma entrevistadora disse: 'Achei *O livro dos prazeres* muito mais fácil de ler do que qualquer um dos seus outros sete livros. Você acha que há algum fundamento nisso?'. Clarice respondeu: 'Há sim. Eu me humanizei, o livro reflete isso'".[69]

A interpretação mais direta dessa "humanização", adotada pelo próprio Moser, a vê como passagem do âmbito metafísico que caracterizaria *G. H.* para uma dimensão mais terrena do registro literário, implicando o abandono da profundidade reprovado pela crítica. Deparamo-nos aqui com dois tópicos recorrentes da crença literária: um primeiro, mais geral, classifica

---

69 Benjamin Moser, op. cit., p. 509.

a especulação metafísica acima de outros motivos literários; o segundo, circunscrito à recepção de Clarice, faz da metafísica — ou ao menos da especulação filosofante — a chave preferencial de leitura de sua obra, especialmente de *G. H.*, na esteira dos escritos dos filósofos citados. Não quero aqui discutir a validade dessas interpretações,[70] mas creio que sua evidência pode ser questionada não apenas no interior do texto, como também à luz da figuração de autor assumida por ela nesse período. Nesse sentido, a "liberdade maior" pedida pelo livro e negada por medo, conforme a nota explicativa, seria no limite a recusa a escrevê-lo "literariamente", ou mesmo a desistir dele, tentação que a vocação de escritora precisa afastar em defesa própria, restando aceitar mais uma vez, no que é dito ser uma demonstração de força, e com resignação, a tarefa de escrever, inescapavelmente, literatura. O mal-estar com o lugar social de escritora, tão presente na estratégia de autor de Clarice, harmoniza-se então com certo isolamento seu em relação aos circuitos literários e favorece a autonomia de mover-se em direções inesperadas. A "incultura" é ferramenta cultural, a dissonância entre a persona e a escrita é condição de possibilidade desta última.

Também a relação com o leitor passa por uma transição sutil se compararmos o que foi dito na nota explicativa de *Uma aprendizagem* com a advertência que, sob o título "A possíveis leitores", dirigira a seu público em *G. H.*:

---

70 As leituras de *A paixão segundo G. H.* são recorrentes em interpretar o relato da personagem como uma aventura espiritual que se conclui em epifania no ato de morder a barata, mas atenuam (ou silenciam sobre) a importância do cenário em que tudo se passa, o quarto da empregada recém-demitida pela protagonista. Se pusermos o acento nesse aspecto, teríamos, talvez, o abismo social metaforizado como condição da epifania, e uma relação de contiguidade entre a barata e a empregada ausente, fazendo girar o eixo semântico da interpretação.

Este livro é como um livro qualquer. Mas eu ficaria contente se fosse lido apenas por pessoas de alma já formada. Aqueles que sabem que a aproximação, do que quer que seja, se faz gradualmente e penosamente — atravessando inclusive o oposto daquilo que se vai aproximar. Aquelas pessoas que, só elas, entenderão bem devagar que este livro nada tira de ninguém. A mim, por exemplo, o personagem G. H. foi dando pouco a pouco uma alegria difícil; mas chama-se alegria.[71]

Aqui Clarice sugere uma restrição, um direcionamento do que vai comunicar ao público letrado que, "de alma já formada", será capaz de apreender o que tem de mais difícil: o livro não tira nada, pelo contrário, pode dar a seu leitor a mesma alegria difícil que deu à autora; ao passo que, em *Uma aprendizagem*, o horizonte dos leitores estaria mais aberto graças justamente à liberdade conquistada pela autora.

Muito já foi dito sobre a solidão de Clarice, seja no plano biográfico seja como tema de seus escritos. Referi-me anteriormente a seu isolamento, ligado a um conjunto de circunstâncias que é preciso levar em conta. Após o fim do casamento com Maury Gurgel Valente, conhece-se apenas uma relação amorosa de Clarice, com o escritor Paulo Mendes Campos, que não foi muito adiante por ser ele casado e recusar-se a romper com a esposa.[72] O grupo dos mineiros radicados no Rio, que incluía além de Campos os escritores e jornalistas Rubem Braga (de origem capixaba), Otto Lara Resende e

---

71 Clarice Lispector, *A paixão segundo G. H.* Rio de Janeiro: Rocco, 2009, p. 5.
72 Antes de seu casamento, Clarice apaixonou-se por Lúcio Cardoso, que trabalhou com ela na equipe da Agência Nacional nos anos 1940, e torna-se sua grande referência literária. A relação amorosa nunca pôde consumar-se em virtude de Cardoso ser homossexual, mas os laços afetivos intensos permaneceram até a morte do escritor em 1968.

Fernando Sabino, mais o psicanalista Hélio Pellegrino, muito próximos dela, formava o que mais se aproximava de um círculo literário ao redor de Clarice, contribuindo com sua presença no mundo editorial para viabilizar a publicação de vários de seus livros. No entanto, o estilo de vida boêmio dessa confraria de amigos homens limitava em muito sua inclusão mais efetiva — algo desse desconforto já vimos expresso na entrevista com José Carlos Oliveira. Além disso, Clarice divide-se entre a literatura, as atividades de escrita que podem render-lhe um complemento da pensão paga pelo ex-marido (incluindo também traduções), a administração da casa e a criação dos dois filhos que vieram com ela para o Brasil. As condições de vida agravam-se após o incêndio de que foi vítima em seu apartamento em 1966, que a deixou meses hospitalizada com risco de vida, gerando sequelas como a semiparalisia da mão com que escrevia e marcas na pele que feriam sua vaidade. Mais grave ainda é a intensificação dos sintomas de esquizofrenia de seu filho mais velho, que, mesmo após internações, o inabilitavam para a vida social.

Tudo somado, temos o retrato de uma dona de casa que, por volta dos 45 anos (ela nasceu em 1920), se vê na posição de provedora material e emocional, enfrentando no limite de suas forças as contingências adversas. E, se a literatura pode ser vista como válvula de escape diante dessa situação, certamente as veleidades literárias aparecem tal como são, restritas às ilusões do encantamento, e assim perdem espaço como lastro de sociabilidade: o isolamento do mundo intelectual e literário e a veemência da expressão de sua contrariedade com os valores ali vigentes, que acompanhamos nos textos não literários, são também efeitos da urgência de resposta às necessidades mais prementes, porém produzem, por seu lado, um afastamento que contribui para uma experiência singular de autonomia literária, conquistada anteriormente à escrita de

Uma aprendizagem ou o livro dos prazeres; mas que, graças ao caráter sempre instável dessa conquista, é agora encetada por Clarice em novo registro, caracterizado justamente pelo uso instrumental da combinação de estratégias de autoria e de autor nos termos já descritos. Essa configuração predomina nas demais obras dos anos 1970, e nos dois próximos livros, *Felicidade clandestina* (contos, 1971) e *Água viva* (romance, 1973), está expressa não só no padrão de linguagem que replica o imediatamente anterior (cuja "simplicidade" é aprofundada em *Água viva*) como na dimensão autobiográfica latente e por vezes manifesta presente em ambos. Tem-se um exemplo especificamente significativo disso, dado que o texto vocaliza de maneira clara as circunstâncias da produção "com a ponta dos dedos", num período que constava do manuscrito original de *Água viva*, então intitulado *Objeto gritante*, mas foi suprimido da versão final, a exemplo de muitas outras passagens explicitamente decalcadas da vida de sua autora:

> Já voltei. O dia continua muito bonito. Mas a vida está muito cara [...]. Preciso trabalhar muito para ter as coisas que quero ou de que preciso.
> [...] Quero dizer que minha casa não é metafísica. Mal se perdoa comida malfeita. [...] Além de comer conversamos muito sobre o que acontece no Brasil e no mundo. Conversamos sobre que roupa é adequada para determinadas ocasiões. [...] Eu também durmo, e como durmo. Quem me lê pensa que eu só vivo insone. Mas não é verdade. Durmo também.[73]

A maior parte dos contos de *Felicidade clandestina* já tinham aparecido em outras publicações, inclusive nas crônicas, mas

---

73 Clarice Lispector, *Objeto gritante*, apud Benjamin Moser, op. cit., p. 537.

os inéditos remetem à infância passada no Recife, tema raro na obra, como mostra Moser.[74] Também em *Água viva* Clarice usa materiais das crônicas e de outros escritos, rearranjados na forma de um depoimento em primeira pessoa fracamente ficcionalizado, em que o trabalho literário pouco disfarça a voz da autora. Os contos publicados em 1974 sob o título *Onde estivestes de noite* acrescentam ao uso de tomadas autobiográficas uma reflexão mais detida sobre o envelhecimento, tema que vai ganhando importância em suas preocupações, com reflexo nos escritos. Esses três títulos têm em comum, ainda, uma repercussão crítica mais favorável que *Uma aprendizagem*. Caberá ao próximo livro romper com esse padrão autobiográfico e com a trégua da crítica setentista.

Com *A via crucis do corpo*, de 1974, Clarice retorna às narrativas curtas com enredo e ao preâmbulo em que procura se explicar ao leitor, ao mesmo tempo que sugere a ele certa direção na leitura. Esse é o livro que encerraria o período da escrita "com a ponta dos dedos" na clivagem de Vilma Arêas; e, como acompanhamos em sua análise, o que melhor o caracterizaria, como o comprova a rejeição veemente de que foi objeto. Clarice abre o volume de contos do seguinte modo:

EXPLICAÇÃO

O poeta Álvaro Pacheco, meu editor na Artenova, me encomendou três histórias que, disse ele, realmente aconteceram. Os fatos eu tinha, faltava a imaginação. E era assunto perigoso. Respondi-lhe que não sabia fazer história de encomenda. Mas — enquanto ele me falava ao telefone — eu já sentia nascer em mim a inspiração. A conversa telefônica foi na sexta-feira. Comecei no sábado. No domingo de manhã as três histórias estavam prontas:

---

74 Benjamin Moser, op. cit., p. 534.

"Miss Algarve", "O corpo" e "Via crucis". Eu mesma espantada. Todas as histórias deste livro são contundentes. E quem mais sofreu fui eu mesma. Fiquei chocada com a realidade. Se há indecência nas histórias a culpa não é minha. Inútil dizer que não aconteceram comigo, com minha família e com meus amigos. Como é que sei? Sabendo. Artistas sabem de coisas. Quero apenas avisar que não escrevo por dinheiro e sim por impulso. Pouco importa. Não sou de brincadeiras, sou mulher séria. Além do mais tratava-se de um desafio.

Hoje é dia 12 de maio. Dia das mães. Não fazia sentido escrever nesse dia histórias que eu não queria que meus filhos lessem porque eu teria vergonha. Então disse ao editor: só publico sob pseudônimo. Até já tinha escolhido um nome bastante simpático: Cláudio Lemos. Mas ele não aceitou. Disse que eu devia ter liberdade de escrever o que quisesse. Sucumbi. Que podia fazer? Senão ser a vítima de mim mesma. Só peço a Deus que ninguém me encomende mais nada. Porque, ao que parece, sou capaz de revoltantemente obedecer, eu a inliberta.

Uma pessoa leu meus contos e disse que aquilo não era literatura, era lixo. Concordo. Mas há hora para tudo. Há também a hora do lixo. Este livro é um pouco triste porque eu descobri, como criança boba, que este é um mundo cão.

É um livro de treze histórias. Mas podia ser de quatorze. Eu não quero. Porque estaria desrespeitando a confidência de um homem simples que me contou a sua vida. Ele é charreteiro numa fazenda. E disse-me: para não derramar sangue, separei-me de minha mulher, ela se desencaminhou e desencaminhou minha filha de dezesseis anos. Ele tem um filho de dezoito anos que nem quer ouvir falar no nome da própria mãe. E assim são as coisas.

C. L.

P. S. — "O homem que apareceu" e "Por enquanto" também foram escritos no mesmo domingo maldito. Hoje, 13 de maio, segunda-feira, dia da libertação dos escravos — portanto da minha também — escrevi "Danúbio Azul", "A língua do 'p'" e "Praça Mauá". "Ruído de passos" foi escrito dias depois numa fazenda, no escuro da grande noite.

Já tentei olhar bem de perto o rosto de uma pessoa — uma bilheteira de cinema. Para saber do segredo de sua vida. Inútil. A outra pessoa é um enigma. E seus olhos são de estátua: cegos.[75]

O texto traz a série quase inteira dos elementos aqui trabalhados, como que sintetizando o conluio silente entre a mulher comum e a escritora, a Dona de casa e a Esfinge, que subjaz às dissonâncias entre estratégias de escritura e de autor no conjunto do que foi escrito "com a ponta dos dedos". Já no início Clarice sublinha a profissão de fé na vocação de escritora que só age sob inspiração, sobrepondo-se à profissional que aceita uma encomenda de trabalho; condição essa reforçada pelo aluvião do transe criativo que lhe permite escrever de chofre, sem hesitação, e guiada apenas por si mesma. Ao mesmo tempo, a temática sexual dos contos obriga sua autora a vestir-se de seriedade e pudor, enquanto afirma sua adesão à "hora do lixo" que se apresentou como oportunidade de desenvolvimento literário de um mundo mais brutal, como a ecoar — à sua maneira — o realismo brutalista de Rubem Fonseca e, sobretudo, Dalton Trevisan. A pudicícia encenada por Clarice em sua "Explicação" parece ter imantado a crítica para o polo do escândalo, armadilha sutil que obliterou uma consideração mais pertinente do significado da "hora do lixo" como liberdade criativa (que aparece não apenas no tema, afinal sugerido

75 Clarice Lispector, *A via crucis do corpo*. Rio de Janeiro: Rocco, 1998, pp. 11-2.

por outra pessoa, mas na forma: frases curtas, diálogos rápidos, mistura de registros alto e baixo de linguagem, uso da elipse etc. — entre outras novidades na escrita clariciana). Aqui a figuração de escritora parece ter simulado um rebaixamento estético que só se perfaz no plano da ameaça, noutro exercício de autonomia literária.

Comentando o livro em sua biografia de Clarice, Nádia Gotlib faz uma aproximação dos contos de *Via crucis* que não usam a sexualidade como tema com os textos das crônicas, ambos emoldurados pela "Explicação" de que tratamos. Nos seus termos,

> A desficcionalização dos textos de Clarice escritos nessa época manifesta-se também pela sua inscrição, como pessoa e escritora, na sua obra, agora registrando fatos diários, em sequência por vezes com intervalos de poucos minutos, num conjunto autobiográfico, ainda que supostamente involuntário.[76]

Nessa interpretação, a desficcionalização ganha como caução o registro autobiográfico, de modo que Clarice estaria presente nesses contos "como escritora, como narradora e como personagem".[77] Entre os textos que mobiliza como exemplo, os excertos do conto "Dia após dia" são os mais significativos por referir-se à literatura, e convém acompanhar o trecho em que alguém aconselha a escritora e os dois seguintes em que ela responde:

> [...] pense bem antes de escrever um livro pornográfico, pense se isso vai acrescentar alguma coisa à sua obra.

---

76 Nádia Gotlib, *Clarice: Uma vida que se conta*. São Paulo: Edusp, 2009, p. 526. **77** Ibid., p. 530.

[...] Já pedi licença a meu filho, disse-lhe que não lesse o meu livro. Eu lhe contei um pouco as histórias que havia escrito. Ele ouviu e disse: está bem.

[...] Sei lá se esse livro vai acrescentar alguma coisa à minha obra. Minha obra que se dane. Não sei por que as pessoas dão tanta importância à literatura. E quanto ao meu nome? que se dane, tenho mais em que pensar.[78]

De fato, como vemos pelo tema e pelo tom, o texto em nada difere do que acompanhamos nas crônicas, e poderia ter sido publicado como tal no *Jornal do Brasil*, a exemplo daquele que o precede no livro, "Por enquanto". Mas o elemento comum central a esses dois textos é seu caráter de suporte heurístico para os demais contos na forma de comentário, cumprindo assim a mesma função da "Explicação", de que "Dia após dia", quando lido após o anterior, mostra que podia ser sua continuação. A esse respeito, um detalhe significativo é a organização do sumário do livro, em que a própria "Explicação" aparece com esse título como se fora um dos contos, sem qualquer marcador de diferença na indexação. Teríamos, assim, abrindo o volume um conto-comentário sobre os demais ("Explicação"), que inclusive os enumera, embora não exaustivamente, seguido de cinco contos de temática sexual e então dois com a mesma feição do primeiro, antes dos restantes seis contos que compõem o livro. Com essa estratégia, Clarice confunde deliberadamente texto (território da escritura literária) e paratexto (território da figuração de autor), tendo como resultado algo que é menos a inscrição da biografia capaz de confundir autora e personagem, e mais um arranjo entre as dicções da escritora e da dona de casa que se sobrepõem visando o efeito literário no mesmo movimento que perturba as expectativas

78 Clarice Lispector, *A via crucis do corpo*, op. cit., apud ibid., p. 529.

de uma leitura letrada. O seguinte trecho de "Por enquanto" pode exemplificar bem o que foi dito:

> De vez em quando eu fico meio machadiana. Por falar em Machado de Assis, estou com saudades dele. Parece mentira mas não tenho nenhum livro dele em minha estante. José de Alencar, eu nem lembro se li alguma vez.
>
> Estou com saudade. Saudade de meus filhos, sim, carne de minha carne. Carne fraca e eu não li todos os livros. *La chair est triste.*[79]

Numa rápida sequência de frases, Clarice evoca o signo mais incontestado de excelência na literatura brasileira num aceno ambíguo de familiaridade e distanciamento (ela leu, compreendeu a ponto de sentir-se eventualmente "machadiana" e tem saudade, mas não há um livro sequer de Machado em sua casa, o que a diferencia, como já sabemos, das casas de seus antípodas intelectuais), porém sem deixar de marcar uma distância maior do outro protagonista da história literária brasileira no período de consolidação do romance (de Alencar ela não sente falta, talvez porque nem tenha lido); de chofre, reaproveita o mote da saudade, agora no lugar mais prosaico da mãe que sente falta dos filhos, "carne de minha carne" — e então muda ousadamente o registro da palavra "carne" para o domínio do sexo (afinal o tema maior do livro) aproveitando para citar o verso de abertura do poema "Brise marine", de Mallarmé;[80] enfim, propondo ao leitor um zigue-zague entre registros de linguagem e domínios de repertório.

Em 1977, ano de sua morte, Clarice publica seu último livro, o romance *A hora da estrela*, que a crítica considera a retomada

---

79 Id., *A via crucis do corpo*, op. cit., p. 47. **80** *"La chair est triste, hélas! Et j'ai lu tous les livres."* ["A carne é triste, lamento! E eu li todos os livros."]

da linhagem das obras-primas, que parecia perdida. O narrador fictício que conduzirá o relato sobre a migrante nordestina miserável ocupa as primeiras páginas do livro com digressões sobre sua tarefa, em que se reconhece imediatamente a voz da autora, que repete assim o uso literário da fusão entre texto e não texto (ficcional) de modo mais radical e eivado de sofisticação metalinguística:

Pretendo, como já insinuei, escrever de modo cada vez mais simples. Aliás o material de que disponho é parco e singelo demais, as informações sobre os personagens são poucas e não muito elucidativas, informações essas que penosamente me vêm de mim para mim mesmo, é trabalho de carpintaria. [...] Que não se esperem, então, estrelas no que se segue: nada cintilará, trata-se de matéria opaca e por sua própria natureza desprezível por todos. É que a esta história falta melodia cantabile. O seu ritmo é às vezes descompassado. E tem fatos. Apaixonei-me subitamente por fatos sem literatura — fatos são pedras duras e agir está me interessando mais do que pensar, de fatos não há como fugir. [...] É. Parece que estou mudando de modo de escrever. Mas acontece que só escrevo o que quero, não sou um profissional — e preciso falar dessa nordestina senão sufoco. Ela me acusa e o meio de me defender é escrever sobre ela. [...] Por que escrevo? Antes de tudo porque captei o espírito da língua e assim às vezes a forma é que faz conteúdo. Escrevo portanto não por causa da nordestina mas por motivo grave de "força maior", como se diz nos requerimentos oficiais, por "força de lei". [...] Vejo agora que esqueci de dizer que por enquanto nada leio para não contaminar com luxos a simplicidade de minha linguagem. Pois como eu disse a palavra tem que se parecer com a palavra, instrumento meu. Ou não sou um escritor? Na verdade sou mais ator porque, com apenas um modo de pontuar, faço malabarismos de entonação, obrigo o respirar alheio a me acompanhar o texto.[81]

A simplicidade de uma linguagem sem luxos, manejada com artesania e adequada ao material trabalhado, deve estar a serviço dos "fatos sem literatura", no que se insinua como um novo modo de escrever. Já o impulso de escrever impôs-se como sempre pela força mesma da vocação; mas o motivo do livro, a história da nordestina, é resposta a um desafio, qual seja, o de chegar o mais próximo daquilo que seria um romance social em toda a obra, rebatendo a acusação de descolamento da realidade nacional frequentemente dirigida aos escritos de Clarice,[82] personificada em *A hora da estrela* pela protagonista que, a exemplo de sua criadora, dirige-se ao Rio de Janeiro em busca de melhores condições de vida.

Mas o ponto principal, à luz do que venho desenvolvendo, é a comparação entre as atividades de escritor e ator. Dizendo-se mais ator, o narrador refere-se a seus "malabarismos de entonação", referindo-se ao uso dos recursos literários (no caso a pontuação) que obrigam o leitor a acompanhá-lo. Se ampliarmos o alcance da metáfora usada por Clarice para o campo sociológico, a entonação é também recurso de construção de uma persona na interação; e, para além, da construção de si, de um self que se faça crível e assim garanta a validação do vivido, conforme Goffman. É exatamente o que acompanhamos Clarice construir com a ponta dos dedos dentro e fora do texto, ao combinar o interior e o exterior do discurso literário, sem o que não teria a mesma mestria para conduzir a

---

81 Id., *A hora da estrela*. Rio de Janeiro: Rocco, 1998, pp. 14-23. **82** Em 1972, o cartunista Henfil incluiu Clarice em seu "Cemitério dos mortos-vivos", seção d'*O Pasquim* em que denunciava os que a seu ver colaboravam ou omitiam-se em relação à ditadura militar.

respiração alheia, tendo a análise procurado evitar a descontinuidade entre o universo de significação simbólico desse discurso e os mecanismos sociais de sua produção. Nesse sentido, o próprio projeto literário de Clarice pode de fato ser visto como crítica à ilusão literária ordinária por meio do questionamento das bases do realismo, mas o desmonte instrumental da ficção é consubstancial ao movimento de insubmissão ao padrão dominante da cultura letrada e a correlata normalização da atividade literária como procedimento também fora do texto, cuja expressão na figura de autor que acompanhamos contribuiu para certa desrealização da crença no caráter sagrado do autor como demiurgo.

5.
Dentro e fora

A escala de observação adotada implicou religar a dinâmica interna do texto literário à dinâmica externa das relações pessoais e institucionais em cujo interior o escritor monta uma apresentação de si, disponível para o leitor antes mesmo da leitura do texto. Essa dimensão cênica da atividade literária, que se dá fora dos livros, pode repercutir de diferentes modos em seu interior; ou, nos termos antes usados, a combinação entre estratégia de escrita e de autor é sempre ou uma variante de um padrão socialmente consolidado ou a invenção de um novo padrão estruturalmente possível. No primeiro caso vigora o ajuste especular entre as duas dimensões, de modo que a postura do autor em suas manifestações públicas, sobretudo aquelas mediatizadas, tende a harmonizar-se com sua escrita, convergindo tudo — obra e postura — para a localização do escritor no espaço literário, ou para o reforço de uma posição já consolidada no campo. Nas décadas que separam a morte de Clarice do momento atual, cresceu exponencialmente a tendência de exposição pública do escritor como dimensão de seu ofício, a ponto de sua entidade visível e celebridade passarem a subsistir por si, não raro por sobre a obra a que remetem, e quase sempre no modelo especular em que texto e performance reforçam-se mutuamente. As duas instâncias podem mesmo amalgamar-se, tornando a figuração ainda mais decisiva na ocupação de uma posição no espaço social da literatura. Nessa nova modalidade de jogo literário, a ameaça de heteronomia é permanente, já que as lógicas de reconhecimento extraliterárias tendem a fundir-se aos valores literários ou mesmo sobrepujá-los.[83]

Sabemos já o quanto o "caso Clarice" afasta-se desse padrão, graças ao modo peculiar de combinar as relações entre figura de autor e texto, mas sua maior singularidade está em fazê-lo justamente como ferramenta de autonomia artística, como tentei mostrar. Em relação a isso, dois aspectos do que foi tratado aqui merecem um destaque final. Em primeiro lugar, a função do "enigma Clarice", ponto de convergência ao redor do qual combinam-se as estratégias de autor e de escrita em seu caso, é o apoio da produção "com a ponta dos dedos": seja nas crônicas, seja em conferências ou em textos literários, é o mistério que objetiva o contraste entre literatura e o lugar social em que o discurso literário se arma, e por isso ele está difuso no que Clarice diz e escreve, mas também em sua recepção pelo público e pela crítica, a ponto de ser mobilizado ainda hoje, como atesta o exemplo de que tratei na abertura do capítulo. E que pode ser secundado por um evento mais recente, qual seja, o Colóquio Internacional: Cem Anos de Clarice Lispector, promovido pela Faculdade de Filosofia, Letras e Ciências Humanas da Universidade de São Paulo em 2020, que gerou um livro publicado no ano seguinte, cuja apresentação parte de uma citação da autora:

Quero que os outros compreendam
O que jamais compreenderei

---

83 Há vários desenvolvimentos recentes em sociologia da literatura que vão nessa direção; entre eles destaco o trabalho de Jérôme Meizoz, que norteou essa parte da análise — especialmente o artigo "Cendras, Houellebecq: Portrait photographique et présentation de soi" (*COnTEXTES, Revue de sociologie de la littérature*, n. 14, 2014).

Clarice Lispector, aos cem anos de seu nascimento, continua a surpreender seus leitores, no país e no exterior. A epígrafe nos desafia a seguir lendo seus textos, a expandir seus múltiplos sentidos, sempre contornando as zonas opacas, cheias de mistérios e inesgotável decifração. A escritora revela seu desejo de que se compreenda o que ela jamais compreendeu. Difícil tarefa que legou aos que se debruçam sobre sua obra. No entanto, ainda que haja o limite do que também nós não saberemos — e ressalve-se que o não saber é, ainda na visão de Clarice, um modo singular de contato entre os seres —, a potência de seus textos nos envolve, instiga-nos a analisá-los e nos transforma no encontro com sua escrita.[84]

Essa memória persistente da escritora como Esfinge, por certo, diz respeito ao que estaria cifrado em seu texto e nos aspectos mais conformes a ele de sua postura. No entanto, há algo enigmático também na disjunção entre a Esfinge e a dona de casa, entre a articulação literária de alto rendimento no padrão letrado e o despojamento de um éthos em contraponto à afetação erudita. Se ficou estabelecido que Clarice soube manejar o contraste em favor de sua autonomia, garantindo que o fundamento de sua literatura esteja nela mesma e não alhures, resta dizer algo sobre as razões infraconscientes que o permitiram, o que nos leva ao segundo ponto.

Beatriz Sarlo, em seu ensaio sobre as escritoras argentinas no início do século XX,[85] comenta os modos como essas mulheres constroem seu lugar de enunciação e seu estilo de intervenção intelectual. Pondo em suspenso outras valências

---

84 Yudith Rosenbaum e Cleusa Rios (Orgs.), *Um século de Clarice Lispector: Ensaios críticos*. São Paulo: Fósforo, 2021, p. 11. O texto citado é de autoria das organizadoras do volume.   **85** Beatriz Sarlo, "Dizer e não dizer: Erotismo e repressão". In: *Modernidade periférica*. São Paulo: Cosac Naify, 2010.

sociais mobilizadas, o que é dito sobre as relações de gênero pode ser reaproveitado aqui como modelos. Dois casos parecem particularmente significativos: Norah Lange representaria aquela que quer ser poeta, mas precisa continuar a ser aceita, posição possível apenas na condição de bom funcionamento do trabalho de censura;[86] Alfonsina Storni transgride num campo, mas mantém-se fiel em outros, já que "nem todas as rupturas podem ser realizadas simultaneamente, ou melhor, uma mulher na Buenos Aires das três primeiras décadas do século XX não está em condições de batalhar em todas as frentes".[87] Guardadas as diferenças entre as configurações sociais, também Clarice quer ser escritora de ruptura, e sem pejo de transgredir as boas normas de conduta do grande escritor, mas sua condição de isolamento não lhe permite pagar o preço de ser rejeitada. A dona de casa pode transgredir fazendo obra de invenção linguística, mas o contrapeso exigido é a transgressão paralela dessa Esfinge que, em ruptura com a persona literária, apresenta-se como dona de casa. No Rio de Janeiro dos anos 1960 e 1970 Clarice pôde batalhar na frente literária, na medida em que recorreu nessa luta à máscara de recato e aquiescência com as normas de gênero de sua postura, a que estava materialmente presa (paradoxalmente, no lugar masculino de chefe de família).

E é a própria Clarice que tem a melhor saída para o emaranhado de paradoxos e dicotomias com que teve de lidar, em sua resposta a um jornalista.[88] Diante da indagação "A janela de sua vida é voltada para dentro?", ela diz o seguinte:

> Se você acha significaria que olho de fora para dentro? O que significaria que estou, como é a realidade, dos dois lados.

---

86 Ibid., p. 142.   87 Ibid., p. 155.   88 Entrevista a Yllen Kerr, *Jornal do Brasil*, 18 set. 1963.

É que o mundo de fora também tem o seu dentro, daí a pergunta, daí os equívocos. O mundo de fora também é íntimo. Quem o trata com cerimônia e não o mistura a si mesmo, não o vive, e é quem realmente o considera estranho e de fora. A palavra dicotomia é uma das mais secas do dicionário.

A Esfinge encontrou um meio de converter a dicotomia em fluxo, transitando entre o transitivo e o intransitivo.

Considerações finais

O *Jornal de Letras*, responsável, como vimos, pela publicação do *Itinerário de Pasárgada*, noticiara em sua edição de outubro de 1952, com o título "Um bairro chamado Pasárgada", o lançamento de um empreendimento imobiliário em Petrópolis cujo marketing se inspirava no poema de Bandeira, retomando o assunto na edição seguinte, de novembro de 1952, na matéria "Vitoriosa uma sugestão do *Jornal de Letras* — Manuel Bandeira ganhou um lote de terreno na Pasárgada — gesto louvável da Imobiliária Areal Ltda.", em que o caso ganha explicação e comentários que reproduzo na íntegra:

> Como os leitores devem estar lembrados, estampamos no último número nota segundo a qual o correspondente da *Tribuna da Imprensa* em Petrópolis, sr. Demóstenes Gonzales, noticiara haverem os srs. Osvaldo Medici, J. Polack e Otávio Quintela adquirido uma fazenda entre Areal e Córrego, resolvendo lotear a área a que deram o nome de Pasárgada. Acrescentamos, então, o quanto seria justo que o poeta, tendo a popularidade de seu nome associado a este loteamento, auferisse daí alguma compensação. O próprio Manuel Bandeira — escrevemos — já havia confiado a um amigo a esperança de que lhe fosse oferecido um dos lotes. Isso embora já possua ele propriedades bem mais vastas na outra Pasárgada, a legítima, de sua invenção.

No *Jornal do Povo* de Petrópolis, a 28 de outubro último, d. Gonzales escreveu um bilhete aberto aos sr. Osvaldo Medici, diretor da Imobiliária Areal Ltda., dando eco à nossa sugestão, e em carta que nos enviou, datada de 29 de outubro, participou-nos o feliz êxito da ideia. O sr. O. Medici autorizara-o a comunicar-nos a deliberação que acabara de tomar de presentear o poeta MB com um dos melhores lotes de Pasárgada. Eis um gesto sumamente simpático e digno de aplausos. De certo, como já dissemos, Bandeira sempre foi senhor de muitos territórios magníficos no país lendário por ele inventado. Mas o certo é que nem só de sonhos vivem os poetas, mesmo porque, criaturas de carne e osso, têm de andar com os pés na terra: já havendo dobrado a casa dos sessenta, Bandeira bem necessita de repouso e será lá nesse terreno, o primeiro que o poeta vem a ter na existência, que poderá ele construir um tugúrio e ir veranear com os seus autores preferidos. Afinal, é bem melhor sonhar com a Pasárgada num recanto de nossa propriedade do que num apartamento alugado.

O *JL* congratula-se com o poeta e louva o diretor da Imobiliária Areal Ltda. pela largueza do gesto.[1]

Não é possível dizer se o Condomínio Pasárgada veio à luz, nem se Bandeira de fato foi agraciado com um terreno, ou se sequer o desejou, mas os aspectos factuais importam menos aqui do que a simples existência desse registro. Se voltarmos ao capítulo 2, entenderemos que esse é o tipo de informação que dificilmente entraria em qualquer autobiografia do poeta, mesmo numa improvável autobiografia não literária. Mas nem é essa a razão pela qual quero aproveitá-lo, e sim por aquilo que está contido no simplismo aparente da contraposição entre

1 Arquivo do IEB/USP.

as duas Pasárgadas, a terrena e a celeste, em que despontam como caricatura os extremos entre o desinteresse exigido e suposto para a atividade literária mais legítima e o interesse mais mesquinho porque instrumentalizaria o produto dessa atividade no domínio dos bens materiais sem qualquer disfarce, apesar da tentativa tímida de eufemização. E, mais importante, os dois domínios são pensados numa relação de exterioridade recíproca absoluta: o que se passa na Pasárgada literária não guarda nenhuma relação com o tipo de necessidade comezinha que a Pasárgada comercial poderia resolver; onde experimenta-se o sopro do incondicionado está-se a salvo do modelamento produzido pela história. Essa separação estrutural é a que predomina no reino dignificado da literatura, seja ela no que diz respeito aos escritores, à crítica ou aos leitores; mais ainda, é ela que via de regra está profundamente incorporada nesses agentes, que assim são levados a adotar o ponto de vista da leitura "pura" de um texto "puro", conforme acompanhamos, como o único dotado da qualidade específica capaz de justificar a relação com a obra, voltando para o que já foi dito em outros termos na introdução do trabalho. Nos três casos aqui reunidos procurei as inversões possíveis desse etnocentrismo letrado, fazendo da Pasárgada celeste um subdomínio terreno do mundo; e, com isso, cassando o direito de precedência absoluta do valor literário que desconsidera todo discurso que o problematize. Esse foi o princípio exploratório que conduziu à detecção de diferentes arranjos e de tensões específicas entre as Pasárgadas nos três casos.

Na memorialística de Manuel Bandeira temos a expressão acabada do escritor como demiurgo, criador incriado, e da literatura como evento a-histórico e a-tópico, que existe como uma espécie de milagre incondicionado, cuja hermenêutica só pode fazer sentido se circunscrita ao interior do texto, à sua forma; e, como correlato, qualquer menção à dinâmica concreta de suas condições e precondições reais de produção assoma como desafio à sua grandeza, incompreensão ou mesmo insulto. Nesse sentido, não se trata de questionar a verdade do *Itinerário de Pasárgada* tal como seu autor o concebeu: sociologicamente, verifica-se a verdade de um discurso mais por sua adequação à posição no mundo social de onde parte do que pela coincidência lógica entre representação e realidade. Nesses termos, faz sentido o que diz o comentário que acompanhamos sobre a natureza do livro em sua edição recente, mas é preciso levar em conta que o acerto de sua advertência — num desses casos em que o esforço mesmo de advertir ameaça seu efeito — é relativizado por depender da atitude prévia, consciente ou não, de aderir à visada do autor, ao ponto de vista de quem opera um sentido absoluto que se desdobra a partir de si mesmo, a ponto de lhe atribuir a clarividência sobre *o que*, e *em que medida*, tem relevância para a construção da obra, e aquiescer em descartar liminarmente motivações como as afetivas, políticas etc. Noutros termos, é preciso aceitar como postulado que uma autobiografia *poética* deveria incluir apenas "fatos poéticos", conforme os ditames da Pasárgada celeste.

Em relação a Paulo Coelho, o trabalho quis mostrar que ele ocupa o extremo oposto, o do escritor a que se pode eventualmente, e com reservas, reconhecer a qualidade de artesão, mas nunca a de criador-demiurgo nas alturas que ele ingenuamente reivindica, já que seu texto é por demais banal aos olhos dos cultores do mundo letrado. Espero que as razões disso tenham ficado bem assentadas e não vou voltar a elas; basta aqui acrescentar que essa indigitação espalha-se para seus leitores, que se afeiçoam a seu texto porque são incapazes de perceber que a literatura é um fim em si, e deixam sua afeição guiar-se por móveis externos, da ordem do interesse ou da utilidade. Assim, a escritura do texto é secundada por uma leitura correlata: o livro fácil, que em razão disso vende muito, ou que seria apenas mercadoria já em sua gênese, não pode mesmo ser objeto de fruição pura e extasiada — extasiada porque pura —, e bem merece a leitura instrumental que inspira, condicionada por desejos terrenos como o de evasão ou aprendizado.

A relação letrada com a literatura parece exigir mesmo certo ascetismo, já que na hierarquia dos usos da leitura só tem acento legítimo a leitura literária; isto é, *primeira*, no sentido de excluir qualquer móvel externo à busca da fruição sublime do sentido mais alto do texto. Mas de fato, a relação com a leitura nunca é pura nessa acepção do incondicionado, como sabem os letrados que, movidos a princípio por interesse literário, extraem de sua leitura prazer, instrução, conforto ou desconforto psíquico e emocional; e nisso não diferem, enfim, de seus coabitantes iletrados do Condomínio Pasárgada — o terreno.

Nessa chave, como pensar a literatura de Clarice Lispector? Como artifício metodológico, busquei suspender provisoriamente sua localização imediata na órbita da literatura mais legítima, que a interpretação de suas obras, via de regra, contribuiu para naturalizar como seu lugar por excelência, como grande escritora. Com esse intuito é que trouxe à baila os escritos em que ela recusa a atitude letrada, e explorei as ambivalências dessa recusa, que tem como um de seus efeitos, através do jogo de suas personas sociais que perfazem o "mistério" da "Esfinge", a garantia de sua autonomia como criadora. Restaria aquilatar melhor a presença e o uso, como elemento mesmo de linguagem, dessa postura antiliterária; isto é, acompanhar para além do que eventualmente tenha ficado sugerido, a incorporação, como recurso formal, da contestação das convenções literárias inerentes aos jogos jogados por Clarice. Sobre isso, as indicações presentes na análise referem-se apenas à literatura que ficou sob a rubrica "com a ponta dos dedos" — e, conforme essa divisão, pondo em suspenso seus livros mais consagrados e aqueles publicados antes do período analisado, justamente aqueles em que se reconhece mais a força da ousadia e da invenção.

Não vou entrar no caminho novo representado pela análise da organização interna da literatura de Clarice, mas avançarei algumas indicações que estimo plausíveis a esse respeito, como exemplo de que modo também a linguagem literária está socialmente orientada; e, em consequência disso, a repartição entre análise interna ou externa dos textos é um artifício de circunscrição sempre sob o risco de tornar-se artificioso. Em meu auxílio, convocarei um paralelo com a obra de Beckett e a análise que dele faz a crítica literária Pascale Casanova.[2]

Assim como Beckett, e a despeito de tudo que a distancia de sua literatura, viu-se já que Clarice foi recebida preferencialmente na chave da perscrutação existencial que visa alguma essência oculta do humano, acessível apenas aos autores maiores das artes maiores. Recorro novamente a Carlos Mendes de Sousa como referência dessa perspectiva:

Entre os tópicos irrecusáveis da literatura de Clarice Lispector, ligando-se àquilo que prende e deslumbra e que faz da escritora uma das personalidades literárias mais fascinantes, refira-se a obsessão pelo *interior*, pelo âmago, pelo *núcleo da vida*.

Intuitiva perscrutadora da natureza íntima das coisas, do indizível interior dos seres, em suas narrativas aprende-se a olhar para dentro, situação, aliás, recorrentemente explicitada [...]. Percebe-se facilmente de que forma uma cartografia dessa zona interna, em confronto com as referências ao exterior, deixa entrever o modo de neutralizar as divisões

---

2 Pascale Casanova, *Beckett l'abstracteur: Anatomie d'une révolution littéraire.* Paris: Seuil, 1997.

e as oposições, e a maneira como se impõe a infinita circularidade em todas as categorizações do fora e do dentro.[3]

Nos termos em que Mendes a coloca, a discussão sobre as relações entre as dimensões interna e externa remetem à dimensão do sujeito — do autor e dos seres que se objetivam no texto, e nesse plano ganha sentido a sugestão da circularidade das categorizações como elemento interno. Essa estratégia de interpretação, contudo, depende do passo prévio que fez desse sujeito uma espécie de fronteira que isola a realidade última de seu núcleo, de seu âmago. Note-se que a categorização mais assertiva que abre o período traz para o primeiro plano justamente o tema da essência, e o trata ao mesmo tempo como "tópico irrecusável" (juízo de realidade: a literatura de Clarice é a busca do âmago) e marcador de qualidade (juízo de valor: é precisamente esse seu mérito o que a torna fascinante). De fato, esses traços colocam a obra de Clarice na altura da ideia mais nobre de literatura, assim como se deu com a recepção de Beckett.

Na análise da Casanova, é na chave da profundidade e do existencial que a literatura de Beckett foi consagrada, mas isso a contrapelo de sua luta contra o academicismo literário, em cujo interior desenvolveu uma literatura antiliterária, revolta radical que fustiga todos os mecanismos da representação, incluindo a dignificação da "profundidade poética" e a recusa de todas as pompas ligadas à retórica do ser:

A obscuridade (aparente) dos textos serviu aos desígnios obscurantistas da crítica, segundo Blanchot.
Ora, essa glaciação hermenêutica não só escondeu, mas inverteu o sentido do projeto literário de Beckett: ele foi

---

3 Carlos Mendes de Sousa, "Escrever o âmago". In: Regina Pontieri (Org.), *Leitores e leituras de Clarice Lispector*. São Paulo: Hedra, 2004, p. 178.

celebrado e consagrado em nome de uma ideia da poesia contra a qual ele lutou por toda a vida. A revolução formal em que trabalhou o conduziu a denunciar como "convenções caducas" todos os pressupostos que fundam o realismo e a crença na "verdade" literária e sobretudo o pathos do "ser" em nome do qual ele se tornará, no entanto, um dos escritores mais celebrados e mais consagrados do século.[4]

Para ficar apenas no que parece menos controverso em termos de aproximação com o que se deu com Clarice, pensemos na recusa da representação realista, que levou Beckett a inventar a linguagem abstrata em literatura na interpretação de Casanova: explodindo todos os artifícios da representação, todos os sustentáculos do sentido, restou ao escritor irlandês pintar não o objeto, mas o impedimento mesmo de pintá-lo; ou seja, criar uma sintaxe literária abstrata (análoga à pintura não figurativa) que rompesse com as evidências da representação, transportando para a literatura a desconfiança da mimese já levada a cabo pela pintura. Se Clarice, que também pintava, não foi tão longe quanto o escritor irlandês, não deixou de questionar a seu modo os mecanismos da representação, na senda da abstração literária; e esse caminho comum é o que leva seus analistas a circunscrevê-los ao dispositivo crítico do interior do ser, da verdade da essência e seus congêneres: a reconversão da linguagem em direção a seus pressupostos parece casar bem, se não em geral ao menos nos casos de Beckett e Clarice, com o tópos interpretativo da alta literatura como mergulho nas regiões abissais do ser da linguagem e da linguagem do ser.

Assim, a estética de Beckett foi entendida como "retiro do ser" ou "inscrição no nada das palavras", redundando na

4 Pascale Casanova, op. cit., p. 8.

valorização de um "para além da literatura", em clara oposição, segundo Casanova, ao posicionamento do escritor no espaço literário em que viveu, que daria inteligibilidade à sua repulsa por toda representação encantada da atividade artística, da autoridade psicológica do autor, e assim da derivação existencial e metafísica de sua doutrina do fracasso como criador — nessa leitura, vale sublinhar, essa doutrina remete antes à inscrição do trabalho literário de Beckett no cenário irlandês e europeu, e é na história singular da ruptura específica que esse trabalho realizou que sua obra pode ser melhor entendida. Já em Clarice o movimento de abstração, semelhante a alguns mecanismos usados por Beckett, é mais forte nos escritos anteriores a seu retorno ao Brasil, quando se fortalece sua postura antiliterária, conforme descrito no capítulo 3. Como vimos, nesse momento a estratégia de autor descola-se da de escritura, pondo em xeque o quadro de interpretação já solidificado para seus textos: a Esfinge torna-se mais misteriosa, dada a evidência de validade absoluta do critério que preside esse quadro, quanto mais se desnuda da versão encantada do ser-escritor a que devem corresponder os que foram socialmente conduzidos a ser enquadrados no tópos interpretativo dominante.

Em suma, se Bandeira é o típico habitante da Pasárgada celeste, destino a que pode regozijar-se de ter sido destinado, e Paulo Coelho precisa resignar-se a viver na terrena, Clarice construiu a possibilidade de, mais uma vez, circular entre esferas que parecem imiscíveis, e é a história singular das condicionantes e contingências desse trânsito literário (e indissociavelmente social) que procurei restituir.

Finalizo associando à metáfora das "Pasárgadas" um antigo provérbio indiano: "Alguns homens parecem grandes porque lhes mediram também o pedestal". E retomo o texto de Goffman que explorei já na introdução: "O indivíduo que realiza uma conferência tira de si um eu-conferencista adaptado ao auditório. Realiza uma autoconstrução sobre o pedestal *(podium)*".[5]

A estratégia analítica que adotei correu na direção de não comentar a grandeza dos personagens, mas mostrar o pedestal que a configurou, como condicionante da percepção. Os personagens trabalhados representariam então três modalidades distintas de autoconstrução sobre seu pedestal: Bandeira coloca-se nele como que naturalmente, e ali está tão à vontade que não percebe — ou pode simular não perceber — como ajudou a construí-lo; Coelho esforça-se para subir num pedestal que dele se distancia quanto mais ele pensa que pode atingi-lo, e não pode se dar conta da inutilidade de seus esforços de construção; Clarice sobe e desce dos pedestais que se lhe apresentam e de cuja construção ela eventualmente não se exime de participar — e, nesse balanço, os torna visíveis.

Essa é uma singularidade importante de seus escritos, e mais do que a hipostasia do social detectado por alguns na Clarice "socialmente empenhada", ou em eventuais estudos do tipo "o social em Clarice Lispector", nela reside o gume sociológico de sua produção: ela desvela o pedestal.

5 Erving Goffman, op. cit., p. 192.

Bibliografia

ADORNO, Theodor. *Prismas*. Barcelona: Ariel, 1962.
_____. *Notas de literatura I*. São Paulo: Ed. 34, 2003.
ANDERSON, Benedict. *Comunidades imaginadas*. São Paulo: Companhia das Letras, 2009.
ANDRADE, Mário de. *Aspectos da literatura brasileira*. Belo Horizonte: Itatiaia, 2002.
ARÊAS, Vilma. *Clarice Lispector com a ponta dos dedos*. São Paulo: Companhia das Letras, 2005.
ARON, Paul; VIALA, Alain. *Sociologie de la littérature*. Paris: PUF, 2006.
ARRIGUCCI JR., Davi. *Enigma e comentário*. São Paulo: Companhia das Letras, 1987.
_____. *Humildade, paixão e morte: A poesia de Manuel Bandeira*. São Paulo: Companhia das Letras, 1990.
ARRUDA, Maria Arminda do Nascimento. *Metrópole e cultura*. São Paulo: Edusp, 2010.
AUERBACH, Erich. *Mimesis*. São Paulo: Perspectiva, 1987.
_____. *Ensaios de literatura ocidental*. São Paulo: Duas Cidades; Ed. 34, 2007.
BACIU, Stefan. *Manuel Bandeira de corpo inteiro*. Rio de Janeiro: José Olympio, 1966.
BANDEIRA, Manuel. *Itinerário de Pasárgada*. Rio de Janeiro: Nova Fronteira, 1984.
_____. *Libertinagem/Estrela da manhã: Edição crítica*. Cidade do México: Fondo de Cultura Económica, 1998.
_____. *Crônicas da província do Brasil*. São Paulo: Cosac Naify, 2006.
_____. *Apresentação da poesia brasileira*. São Paulo: Cosac Naify, 2009.
_____. *Poesia completa e prosa*. Rio de Janeiro: Nova Aguilar, 2009.
BARBOSA, João Alexandre. "Dentro da Academia, fora da literatura". *Cult*, São Paulo, n. 70, p. 32-5, 2003.
BARTHES, Roland. *Mitologias*. Rio de Janeiro: Difel, 1980.
BASTIDE, Roger. *Art et société*. Montréal: L'Harmattan, 1997.
_____. *Poetas do Brasil*. São Paulo: Edusp, 1997.
BEZERRA, Elvira. *A trinca do Curvelo*. Rio de Janeiro: Topbooks, 1995.
BOSI, Alfredo. *História concisa da literatura brasileira*. São Paulo: Cultrix, 1994.

BOSI, Alfredo. *O conto brasileiro contemporâneo*. São Paulo: Cultrix, 2015 [1975].

BOURDIEU, Pierre. *A economia das trocas simbólicas*. São Paulo: Perspectiva, 1974.

_____. *As regras da arte*. São Paulo: Companhia das Letras, 1991.

_____. *Raisons pratiques*. Paris: Seuil, 1994.

_____. *A economia das trocas lingüísticas*. São Paulo: Edusp, 1998.

_____. *A distinção*. São Paulo: Edusp, 2007.

BURKE, Peter. *O que é história cultural?*. Rio de Janeiro: Zahar, 2005.

CADERNOS de Literatura Brasileira. "Clarice Lispector". Instituto Moreira Salles, edição especial, n. 17-18, dez. 2004.

CANCLINI, Néstor García. *Culturas híbridas*. São Paulo: Edusp, 2008.

CANDIDO, Antonio. "Os brasileiros e a literatura latino-americana". *Novos Estudos Cebrap*, São Paulo, v. 1, n. 1, dez. 1981.

_____. *Literatura e sociedade*. São Paulo: Companhia Editora Nacional, 1985.

_____. *O discurso e a cidade*. Rio de Janeiro: Ouro sobre Azul, 2004.

_____. *Recortes*. Rio de Janeiro: Ouro sobre Azul, 2004.

_____. *Vários escritos*. Rio de Janeiro: Ouro sobre Azul, 2004.

_____. *Formação da literatura brasileira*. Rio de Janeiro: Ouro sobre Azul, 2007.

CARPEAUX, Otto Maria. *Pequena bibliografia crítica da literatura brasileira*. Rio de Janeiro: Letras e Artes, 1964.

CARVALHO E SILVA, Maximiano de (Org.). *Homenagem a Manuel Bandeira*. Rio de Janeiro: UFF; Presença, 1989.

CASANOVA, Pascale. *Beckett l'abstracteur: Anatomie d'une révolution litteraire*. Paris: Seuil, 1997.

_____. *Kafka en colère*. Paris: Seuil, 1997.

_____. *A República Mundial das Letras*. São Paulo: Estação Liberdade, 2002.

_____ (Org.). *Des Littératures combatives: L'Internationale des nationalismes littéraires*. Paris: Raisons d'Agir, 2011.

CASTELLO, José Aderaldo. *A literatura brasileira, origens e unidade*. São Paulo: Edusp, 1999.

CASTRO, Ruy. *O leitor apaixonado*. São Paulo: Companhia das Letras, 2009.

CEVASCO, Maria Elisa; OHATA, Milton (Orgs.). *Um crítico na periferia do capitalismo: Reflexões sobre a obra de Roberto Schwarz*. São Paulo: Companhia das Letras, 2007.

CLARK, Timothy James. *Modernismos*. São Paulo: Cosac Naify, 2007.

COELHO, Paulo. *O diário de um mago*. São Paulo: Planeta, 2006 [1987].

_____. *O alquimista*. São Paulo: Planeta, 2006 [1988].

_____. *Brida*. São Paulo: Planeta, 2006 [1990].

_____. *As Valquírias*. São Paulo: Planeta, 2006 [1992].

_____. *Na margem do rio Piedra eu sentei e chorei*. São Paulo: Planeta, 2006 [1994].

_____. *O Monte Cinco*. São Paulo: Planeta, 2006 [1996].

_____. *Veronika decide morrer*. São Paulo: Planeta, 2006 [1998].

_____. *O demônio e a srta. Prym*. São Paulo: Planeta, 2006 [2000].

COELHO, Paulo. *Onze minutos*. São Paulo: Planeta, 2007 [2003].

_____. *O Zahir*. São Paulo: Planeta, 2007 [2005].

_____. *A bruxa de Portobello*. São Paulo: Planeta, 2006.

_____. *Hippie*. São Paulo: Companhia das Letras, 2019 [2018].

COMPAGNON, Antoine. *O demônio da teoria: Literatura e senso comum*. Belo Horizonte: Ed. UFMG, 2012.

DOSSE, François. *O desafio biográfico*. São Paulo: Edusp, 2009.

ELIAS, Norbert. *Os estabelecidos e os outsiders*. Rio de Janeiro: Zahar, 1994.

_____. *Mozart: Sociologia de um gênio*. Rio de Janeiro: Zahar, 1995.

FAUSTINO, Mário. *De Anchieta aos concretos*. São Paulo: Companhia das Letras, 2003.

GALVÃO, Walnice. *As musas sob assédio: Literatura e indústria cultural no Brasil*. São Paulo: Senac, 2005.

GOFFMAN, Erving. *Forms of Talk*. Filadélfia: University of Pennsylvania Press, 1981.

GOTLIB, Nádia Battella. *Clarice: Fotobiografia*. São Paulo: Edusp, 2009.

_____. *Clarice: Uma vida que se conta*. São Paulo: Edusp, 2009.

GUIMARÃES, Júlio Castañon. *Por que ler Manuel Bandeira*. São Paulo: Globo, 2008.

HALBWACHS, Maurice. *La Mémoire collective*. Paris: Albin Michel, 1998.

_____. *Les Quadres sociaux de la mémoire*. Paris: Albin Michel, 2000.

HEINICH, Natalie. *La Sociologie de l'art*. Paris: La Découverte, 2001.

HOLANDA, Sérgio Buarque de. *O espírito e a letra*. São Paulo: Companhia das Letras, 1996.

JAMESON, Fredric. *As marcas do visível*. São Paulo: Graal, 1995.

JAUSS, Hans Robert. *Pour une Esthétique de la réception*. Paris: Gallimard, 2013.

KRACAUER, Siegfried. *Le Roman policier*. Paris: Payot, 2001.

_____. *O ornamento da massa*. São Paulo: Cosac Naify, 2009.

LAFETÁ, João Luiz. *1930: A crítica e o modernismo*. São Paulo: Ed. 34, 2000.

_____. *A dimensão da noite*. São Paulo: Ed. 34, 2004.

LAHIRE, Bernard. *Franz Kafka: Élements pour une théorie de la création littéraire*. Paris: La Découverte, 2010.

LEPENNIES, Wolf. *As três culturas*. São Paulo: Edusp, 1996.

LISPECTOR, Clarice. *Perto do coração selvagem*. Rio de janeiro: Rocco, 1999 [1943].

_____. *O lustre*. Rio de Janeiro: Rocco, 1999 [1946].

_____. *A cidade sitiada*. Rio de Janeiro: Rocco, 1998 [1949].

_____. *Laços de família*. Rio de Janeiro: Rocco, 2000 [1960].

_____. *A maçã no escuro*. Rio de Janeiro: Rocco, 1999 [1961].

_____. *A legião estrangeira*. Rio de Janeiro: Rocco, 2000 [1964].

_____. *A paixão segundo G. H.* Rio de Janeiro: Rocco, 2001 [1964].

_____. *Uma aprendizagem ou o livro dos prazeres*. Rio de Janeiro: Rocco, 1998 [1969].

_____. *Felicidade clandestina*. Rio de Janeiro: Rocco, 1998 [1971].

_____. *Água viva*. Rio de Janeiro: Rocco, 2002 [1973].

LISPECTOR, Clarice. *A via crucis do corpo*. Rio de Janeiro: Rocco, 2004 [1974].

_____. *A hora da estrela*. Rio de Janeiro: Rocco, 2003 [1977].

_____. *A descoberta do mundo*. Rio de Janeiro: Rocco, 1999.

_____. *Outros escritos*. Rio de Janeiro: Rocco, 2005.

_____. *Correspondências*. Rio de Janeiro: Rocco, 2002.

_____. *Entrevistas*. Rio de Janeiro: Rocco, 2007.

_____. *Todas as crônicas*. Rio de Janeiro: Rocco, 2018.

LOUETTE, Jean-François; ROCHE, Roger-Yves. *Portraits de l'écrivain contemporain*. Paris: Champs Vallon, 2003.

LYON-CAEN, Judith; RIBARD, Dinah. *L'Hitorien et la littérature*. Paris: La Découverte, 2010.

MAESTRI, Mário. *Por que Paulo Coelho teve sucesso*. Porto Alegre: AGE, 1999.

MARTIN, Jean-Pierre (Org.). *Bourdieu et la littérature*. Nantes: Cécile Defaut, 2010.

MEIZOZ, Jérôme. "Cendras, Houellebecq: Portrait photographique et présentation de soi". *COnTEXTES, Revue de sociologie de la littérature* [on--line], n. 14, 2004.

_____. "Entre 'Jeu' et 'métier': La Condition des écrivains aujourd'hui". *COnTEXTES, Revue de sociologie de la littérature* [on-line], Notes de lecture, 13 out. 2006.

_____. "'Écrire, c'est entrer em scéne': La Littérature em personne". *COnTEXTES, Revue de Sociologie de la littérature* [on-line], Varia, 10 fev. 2015.

MELLO E SOUZA, Gilda de. *A ideia e o figurado*. São Paulo: Ed. 34, 2005.

MICELI, Sergio. *Intelectuais à brasileira*. São Paulo: Companhia das Letras, 2001.

_____. *Nacional estrangeiro*. São Paulo: Companhia das letras, 2003.

_____; PONTES, Heloisa (Orgs.). *Cultura e sociedade: Brasil e Argentina*. São Paulo: Edusp, 2014.

MORAES, Marcos Antonio de (Org.). *Correspondência Mário de Andrade & Manuel Bandeira*. São Paulo: Edusp, 2001.

MORAIS, Fernando. *O mago*. São Paulo: Planeta, 2008.

MOSER, Benjamin. *Clarice, uma biografia*. São Paulo: Cosac Naify, 2011.

NUNES, Aparecida Maria. *Clarice Lispector jornalista*. São Paulo: Senac, 2006.

NUNES, Benedito. *O mundo de Clarice Lispector*. Manaus: Edições Governo do Estado do Amazonas, 1966.

_____. *O dorso do tigre*. São Paulo: Ed. 34, 2009.

ORTIZ, Renato (Org.). *Pierre Bourdieu*. São Paulo: Ática, 1983.

_____. *Cultura brasileira e identidade nacional*. São Paulo: Brasiliense, 1985.

PAULO, Eloésio. *Os 10 pecados de Paulo Coelho*. Vinhedo: Horizonte, 2007.

PESSANHA, José Américo. "Clarice Lispector: O itinerário da paixão". *Cadernos Brasileiros*, Rio de Janeiro, n. 29, 1965.

PONTIERI, Regina (Org.). *Leitores e leituras de Clarice Lispector*. São Paulo: Hedra, 2004.

PRADO, Antonio Arnoni. *Trincheira, palco e letras*. São Paulo: Cosac Naify, 2004.

_____. *Itinerário de uma falsa vanguarda*. São Paulo: Ed. 34, 2010.

REIMÃO, Sandra. *Mercado editorial brasileiro*. São Paulo: Com-Arte; Fapesp, 1996.

ROCHA, Evelyn (Org.). *Clarice Lispector*. Rio de Janeiro: Beco do Azougue, 2011.

ROSENBAUM, Yudith. *Metamorfoses do mal: Uma leitura de Clarice Lispector*. São Paulo: Edusp, 1999.

_____; RIOS, Cleusa (Orgs.). *Um século de Clarice Lispector: Ensaios críticos*. São Paulo: Fósforo, 2021.

SANTIAGO, Silviano. *Nas malhas da letra*. São Paulo: Companhia das Letras, 1989.

SAPIRO, Gisèle. *La Sociologie de la littérature*. Paris: La Découverte, 2014.

SARLO, Beatriz. *A paixão e a exceção*. São Paulo: Companhia das Letras; Ed. UFMG, 2005.

_____. *Paisagens imaginárias*. São Paulo: Edusp, 2005.

_____. *Modernidade periférica*. São Paulo: Cosac Naify, 2010.

SCHOLLHAMMER, Karl Erik. *Ficção brasileira contemporânea*. Rio de Janeiro: Civilização Brasileira, 2009.

SOUSA, Carlos Mendes de. *Clarice Lispector: Figuras da escrita*. São Paulo: Instituto Moreira Salles, 2012.

WAIZBORT, Leopoldo. *A passagem do três ao um*. São Paulo: Cosac Naify, 2007.

WARNIER, Jean-Pierre. *La Mondialisation de la culture*. Paris: La Découverte, 2003.

WILLIAMS, Raymond. *The Politics of Modernism*. Londres: Verso, 1996.

_____. *Palavras-chave*. São Paulo: Boitempo, 2007.

_____. *Marxismo y literatura*. Buenos Aires: Las Cuarenta, 2009.

_____. *O campo e a cidade*. São Paulo: Companhia das Letras, 2011.

WOLFF, Kurt. *Memórias de um editor*. Belo Horizonte: Âyiné, 2018.

© Fernando Pinheiro, 2024

Todos os direitos desta edição reservados à Todavia.

Grafia atualizada segundo o Acordo Ortográfico da Língua
Portuguesa de 1990, que entrou em vigor no Brasil em 2009.

*Todos os esforços foram feitos para encontrar os detentores de direitos
autorais das imagens e dos textos incluídos neste livro. Em caso de
eventual omissão, a Todavia terá prazer em corrigi-la em edições futuras.*

capa
Ana Heloisa Santiago
fotos de capa
Clarice Lispector: Arquivo/ Estadão Conteúdo
Paulo Coelho: Brigitte Friedrich/Süddeutsche
Zeitung Photo/ Keystone Brasil
Manuel Bandeira: Domínio público/
Acervo Arquivo Nacional
composição
Lívia Takemura
preparação
Cacilda Guerra
revisão
Huendel Viana
Karina Okamoto

Crédito das citações de Clarice Lispector:
© Paulo Gurgel Valente, 2019.

Dados Internacionais de Catalogação na Publicação (CIP)

Pinheiro, Fernando (1965-)
O mago, o santo, a esfinge / Fernando Pinheiro. —
1. ed. — São Paulo : Todavia, 2024.

ISBN 978-65-5692-570-7

1. Literatura brasileira. 2. Ensaio. I. Título.

CDD B869.4

Índice para catálogo sistemático:
1. Literatura brasileira : Ensaio B869.4

Bruna Heller — Bibliotecária — CRB 10/2348

todavia
Rua Luís Anhaia, 44
05433.020 São Paulo SP
T. 55 11 3094 0500
www.todavialivros.com.br

fonte
Register*
papel
Pólen natural 80 g/m²
impressão
Geográfica